KB177648

나는
왜
사는 게
힘들까
?

# 나는 왜 사는 게 힘들까?

사회에 적응하기 힘든 사람들의 관계 심리학

오카다 다카시 지음 | 김해용 옮김

동양북스

다른 사람의 표정을 파악하고 자신의 감정과 의도를 말뿐 아니라
표정, 행동으로 표현하는 능력.
이 커뮤니케이션 능력은
IQ나 EQ보다 행복도와 밀접한 관계가 있다.

_ 본문 중에서

그레이존(gray zone);

회색 지대 혹은 경계 영역.
어느 영역에도 속하지 않는 중간 지대.

# 나이가 들수록
# 왜 이렇게 사는 게 힘들까?

**혹시 나도 장애가 있는 게 아닐까?**

최근 발달장애라는 말이 널리 퍼지면서 '혹시 나도 그거 아닐까' 하는 마음에 병원이나 심리치료 센터를 찾는 사람들이 상당히 늘었다. 이런 경우에도 크게 두 가지가 있다. 첫 번째는 부모나 교사, 파트너, 혹은 직장 상사 같은 주변 사람들이 검진을 받아보라고 권유한 경우다. 본인은 아무렇지 않은 것 같다고 생각하지만 억지로 부모 손에 끌려온 아이부터 파트너나 직장 상사, 친구가 꼭 검진받아보라고 권해서 찾아온 성인까지 다양하다.

그리고 눈에 띄게 늘고 있는 두 번째 경우는 자기 스스로 '혹시 나도 발달장애인 거 아냐?'라고 의심하면서 자발적으로 찾아온 경우다. 이들의 공통점은 오랫동안 사는 게 너무 힘들다 못해 삶이라는 것 자체에 왠지 모를 위화감 같은 것을 느꼈다는 것이다. 그러다가 혹시 그 원인이 발달장애 때문이라면, 치료할 수도 있지 않을까 하는 기대를 품고 병원에 찾아온 사람들이다.

　　발달장애든 아니든 그 어떤 경우라도 정확한 진단을 내리려면 꼼꼼한 문진과 진찰, 발달검사 등이 필요하다. 더 정확하게 하려면 여러 차례에 걸쳐 진찰해보고 상태를 관찰할 필요가 있다. 그런데 어이없을 만큼 간단한 문진과 체크리스트로 이루어진 스크리닝 테스트 screening test. 정밀검사가 필요한 요주의자要注意者를 가려내는 검사 - 옮긴이만 하고, 제대로 된 검사조차 하지 않은 채 진단을 내리면서 약까지 처방하는 사례도 드물지 않다. 특히 'ADHD(주의력 결핍 과잉행동 장애)'로 진단할 때 이런 일이 자주 일어난다. 사실 ADHD의 대표적인 증상인 부주의나 충동성 등은 특이한 것이 아니다. 꼭 ADHD가 아니더라도 이런 증세를 겪을 수 있기 때문에 스크리닝 테스트만으로 확진을 내리면 절반 정도는 오진일 확률이 높다.

또 여러 번 오랜 시간을 두고 검사를 받아봤는데 장애라고 할 수 없는 경우에는 '그레이존', 즉 회색 지대에 해당한다는 판정을 받기도 한다. 이런 경우 장애에 해당되지 않기 때문에 다행이긴 하지만 당사자들의 반응은 좀 더 복잡하다. 그들의 입장에서는 오랫동안 시간과 노력, 비용을 들여가면서 진찰, 검사를 받고 문제를 해결하려고 노력했는데 장애가 아니라는 답변을 들으니 오히려 당황스러운 것이다. 장애가 아니라는 판정을 받은 것이 마치 '지금 견디지 못할 정도로 힘든 건 아니야'라는 말을 들은 것처럼 느껴진다고 말하는 사람도 많다. 장애도 아닌데 자신이 너무 과민 반응한 건 아닌지 자책감이 드는 것이다. 오랫동안 고통스러운 기분으로 살았는데 그 문제를 해결하기는커녕 별거 아닌 문제로 취급받는 것 같아 어쩔 줄 몰라 하는 사람들도 있다.

**장애가 아니라면 정말 괜찮은 걸까?**

그렇다면 사는 게 너무 괴로워서 병원을 찾았지만 장애가 아니라는 판정을 받았을 때, 그냥 그 사실을 가볍게 받아들이면

되는 걸까? 살기가 힘들다고 느끼는 것도 그냥 가볍게 생각하고 넘기면 되는 걸까?

실제로 수많은 케이스를 상담하고 치료했던 경험에 비춰 보면 전혀 그렇지 않다. 오히려 그레이존이 장애로 판정받은 사람들보다 더 심각하게 힘든 경우가 많다. 장애로 판정받지 않았기 때문에 특별한 배려나 지원도 받지 못한 상태에서, 어려운 과제를 해결해야 한다거나 건강한 사람들과 대등하게 경쟁해야 하는 위치에 놓이기도 쉽다.

또 그레이존은 하나 이상의 탁월한 능력을 갖고 있는 경우도 적지 않기 때문에, 주변 사람들이 그 사람에게 거는 기대도 크다. 그 때문에 장애가 아니라고 해서 기분이 나아지는 게 아니라 오히려 높은 기대치에 눌려 더 괴로워하게 된다.

그뿐만 아니라 이들에게는 이들 나름대로의 고통이 있는데, 그것은 장애와는 또 다른 종류의 것이라 할 수 있다. 본문에서 다시 이야기하겠지만 그것은 바로 마음의 상처 혹은 애착 장애 같은 문제이다. 또 단순히 '장애가 아닌 상태'라기보다는 아예 성격이 다른 고통을 겪고 있는 경우도 많다.

그러다 보니 발달장애에 대한 지식만으로는 이를 해결하기 쉽지 않다. 더 다양한 임상 케이스와 대응법, 노하우 등등이 필요하다는 말이다. 그래야 이들에게 정말 필요한 정보를 제공할 수 있기 때문이다.

그레이존이라는 용어는 유아기처럼 아직 증상이 확실치 않아 정확한 진단을 내릴 수 없을 때 사용하는 경우, 그리고 청년기나 성인기에 증상이 나타났지만 진단 기준에 전부 해당되지 않아서 사용하는 경우 등 두 가지가 있는데 각자 사정이 다르다.

유아기나 학령기 초기에 그레이존으로 진단받은 경우에는 아직 어떻게 될지 모른다는 뉘앙스가 강하다. 이렇게 어린 시절의 그레이존 성향과 성인이 된 이후의 그레이존 성향은 약간 다르지만 실제로는 다 연결되어 있다. 이 둘을 연속된 시점으로 봐야 비로소 무슨 일이 일어나고 있는지, 어떻게 하면 될지 가늠해볼 수 있다. 어린 시절에 있었던 어떤 일이나 어떤 특성 때문에 유래한 것인지를 되짚어보면서 좀 더 깊게 그 사람의 인생을 이해하고 대처할 수 있는 것이다.

그래서 이 책에서는 어린이만을 위한 것도 성인만을 위한 것도 아닌, 모두에게 해당하는 그레이존에 대해 이야기해보려고 한다.

덧붙여 이 책에는 수많은 사례들이 등장하는데, 일반인의 사례는 실제 케이스를 모티브 삼아 재구성한 것이며 특정 인물과는 무관한 것임을 밝혀둔다.

# / 1장 /
# 겉은 멀쩡한데 속은 너무 힘든 사람
장애만 아니라면 아무 문제가 없는 걸까?

나 는   왜   사 는   게   힘 들 까 ?

## / 혼자 노는 걸 좋아하는 아이 /

우선 어린이들에게 흔히 나타나는 상황부터 알아보자.

K군은 어린 시절부터 신경질적인 구석이 있었다. 밤에도 좀처럼 쉽게 잠들지 못하고, 이유식도 싫어해서 육아하는 동안 고생이 이만저만이 아니었다고 한다. 3년 후에 여동생이 생긴 이후에 갑자기 손이 덜 가는 아이로 바뀌어서 대체 어떻게 된 건가 하고 놀랐을 정도였다.

K군의 발달 과정에 대해 굳이 말하자면 늦된 아이였다. 걷기 시작한 것도 1년 하고도 2개월이 지나서였다. 머리가 약간

커서 그랬는지 균형을 잘 잡지 못하고 걸핏하면 넘어져서 울곤 했다. 열심히 가르쳐줘도 잘 따라오지 못했는데, 예를 들면 크레용이나 수저 잡는 법이 이상해서 계속 바로잡아줘도 좀처럼 쉽게 고치지 못했다.

세 살 때 검진을 받아본 결과, 블록 쌓기도 못하고 언어 발달도 너무 느려서 '발달 지원'을 권유받았으나, 마침 아래 동생을 임신한 상태인 데다가 남편과 시어머니 모두 '어렸을 때는 원래 다 그렇다'고 해서 그냥 내버려두었다.

그런데 유치원을 다니기 시작한 이후에도 좀처럼 친구를 사귀지 못하고 한 달 정도는 늘 울며 지냈다. 그 후 서서히 익숙해지기는 했지만 친구들과 노는 모습은 별로 본 적이 없었고, 늘 혼자 있거나 같이 놀다가도 자기 혼자 빠져나오는 경우가 많았다.

그래도 문제를 일으킨 적은 한 번도 없었고, 다른 아이들이 놀고 있는 모습을 묵묵히 지켜보면서도 그다지 심심해 보이지는 않았다.

그래도 어머니 입장에서는 걱정이 돼서 유치원 선생님과 몇 번이나 상담을 했지만 그 정도는 문제도 아니라는 사람도 있고, 혹은 전문가에게 상담을 받아보라는 사람도 있었다. 결국 전문가를 만나보기로 결심하고 처음으로 병원에 갔을 때가 한창 유치원에 다닐 무렵이었다. 진단명은 바로 '그레이존'이었다.

의사는 발달장애의 경향이 보이긴 하지만 증상이 가벼우므로 '상태를 지켜보자'고 했다. 유치원에서 별다른 문제를 일으킨 적이 없었다는 것도 그렇게 판단한 근거가 된 듯했다. 어머니로서는 안도하면서도 약간의 불안을 품은 채 시간이 흘렀고 아이를 학교에 보낼 때가 왔다.

1학년 때는 그럭저럭 수업에 잘 따라가면서 적응하기 시작했다. 그런데 2학년이 되어 무섭기로 소문난 선생님이 담임을 맡은 후부터 문제가 시작되었다. 구구단을 큰 소리로 외우지 못한다고 아이들 앞에서 혼난 이후부터 바짝 긴장하게 된 것이다. 이때부터 K군은 학교 갈 시간이 되면 배가 아프다거나 몸이 안 좋다고 말했다. 그렇게 조금씩 조금씩 학교를 안 가는 날이 많아지더니 학년이 올라가면서 그 빈도가 점점 늘어났다. 특수반 일본의 경우에는 '지원학급'이라고 부르는데, 장애아 등 특수교육 대상자들을 위해 일반 학교 내에 만든 별도의 반을 말한다 - 옮긴이 으로 옮기는 건 어떨까 하는 이야기도 나왔지만 예전에 의사가 그레이존이라고 진단 내렸던 일도 생각나고 또 남편과 시어머니도 강력하게 반대해서 선뜻 결정을 내리지 못하고 있었다. 그렇게 고민하던 끝에 학교 측의 강력한 추천을 받고 내가 운영하는 심리치료실을 찾아왔는데 그때 K군은 이미 4학년이었다.

진찰할 때도 K군은 많이 긴장한 상태에서 시선을 어디에 둬야 할지도 모르는 것 같았다. 질문에는 대답했지만 한두 마디만 하고 곧바로 입을 다물어버렸다. 표정도 어딘지 모르게 풍부하지 못했고, 눈을 맞추는 일은 거의 없었다. 이런 아이가 정말 그레이존일까 싶어서 나는 약간 걱정이 되었다.

## / 어떤 경우에 발달장애일까? /

발달 특성을 조사할 때 발달검사라는 것을 한다. K군의 경우 학기 중에 다른 의료기관에서 검진을 받았지만 나이가 해당되지 않아 정식 발달검사를 받지 못했다.

오늘날 발달검사의 대표적인 것이 바로 웩슬러식 지능검사다. 웩슬러식 지능검사에는 아동용 WISC(위스크), 열여섯 살 이상의 청년, 성인용 WAIS(웨이스) 등이 있다. 웩슬러식 지능검사의 특징은 전반적인 지능지수(흔히 말하는 IQ) 이외에

네 가지 영역에서 각 능력에 대한 지수를 산출하는 것이다. 이것을 군지수(群指数)라고 부르는데, '언어 이해', '지각 추론 (지각 추리)', '작업 기억(워킹 메모리working memory, 작업이나 동작에 필요한 정보를 일시적으로 기억하고 처리하는 능력)', '처리 속도' 이상 네 가지이다.

우선 기본적인 지능지수가 어느 정도 수준인지 살펴보고 그와 동시에 위 네 가지 군지수의 분포 방식을 확인한 후 그 사람의 발달 상태를 해석하는 것이다. 어느 특정한 영역에 능력이 몰려 있는 건 아닌지 확인하는 게 중요하다.

기본적인 지능지수는 지적인 장애가 있는지 없는지를 판단하는 근거가 된다. 그에 비해 군지수의 경우에는 만약 네 가지 영역이 불규칙적으로 분포되어 있는 경우에는 발달장애를 의심하는 게 현재의 일반적인 기준이다.

다만, 편향치가 나타났다는 사실 하나만으로는 발달장애라고 진단하지 않는다. 어디까지나 어린 시절부터 현재까지의 증상 그리고 일상생활을 하는 데 어느 정도 지장을 주는지를 면밀하게 살펴본 후 발달장애라고 최종 진단을 내린다. 다시 말해서, 발달검사상 큰 편향차를 발견했지만 발달장애는 아닌 경우도 꽤 많다는 말이다. 이 책의 주제인 그레이존의 경우 바로 여기에 해당되는 케이스가 적지 않다. 물론 이와 정반대로 분명 발달장애에 해당되는 증세를 겪고 있으면서도 군지수의 편향치는 전혀 없는 케이스도 있다.

K군의 경우 언어 이해는 평균 이상이었지만 그 외의 모든 지수는 평균보다 낮았는데, 언어 이해와 비교하면 20점 이상이나 낮은 수치였다. 나중에 자세히 살펴보겠지만 이것은 아스퍼거 타입의 자폐 스펙트럼증(ASD, 자폐증)에서 자주 나타나는 패턴이다.

긴장하거나 복통을 일으키는 증상도 자폐증에 수반되는 감각 과민이 원인으로 보였다. 큰 문제를 일으키지 않아서 그리 신경 쓰지 않았지만 K군은 지나치게 소극적이고, 비언어적 커뮤니케이션에도 문제가 있었다. 다른 자폐증처럼 같은 행동을 반복하는 증세가 약해서 그레이존이라는 진단을 받은 것 같았지만, 일상생활에서 상당히 힘들었을 거라는 생각이 들었다. 게다가 지난 몇 년 동안 자폐증이 점점 심해져서 일상생활이 더 힘들어졌던 것이다. 결국 그레이존이라기보다는 점점 더 장애에 가까워지고 말았다.

## / 방치하면 악화된다 /

많은 사례를 통해 분명히 말할 수 있는 건 그레이존이 '장애가 아니니 안심해도 된다'는 뜻은 아니라는 것이다. 증상이 있는데 아무런 대처도 하지 않으면 이후에 점점 차이가 벌어지면서 문제가 심각해질 수도 있으므로 확실히 대처해야 한다. 의사나 전문가들이 자주 사용하는 '상태를 지켜보자'는 말이, 아무것도 하지 않고 팔짱만 낀 채 그냥 지켜본다는 의미가 아니라는 말이다. 어린아이의 경우에도 그렇지만 청소년이나 성인의 경우에도 마찬가지이다. 물론 안타까운 건 그렇다고 해서 병원 쪽에서 적극적인 대응을 하는 건 아니라는 점이다. 그렇다면 부모 입장에서는 뭘 해야 할까?

우선 어린아이의 경우에는 증상이 가볍더라도 최대한 일찍 요육療育. 치료를 하면서 교육하는 것 - 옮긴이과 트레이닝을 병행하는 게 좋다.

중증의 자폐증인 경우에도 조기에 치료와 교육을 집중적으로 하면 건강한 상태로 회복하기도 하고 발달 상태도 거의 정상으로 돌아오는 사례가 있기도 하다. 또 증세가 가벼운 경우라면 일찍부터 적절한 교육과 트레이닝을 함으로써 약점을 강점으로 바꿀 수 있다.

그런데 자폐증도 아닌 그레이존이기 때문에 그냥 아무런 조치도 취하지 않은 채 방치하면 약점이 점점 더 취약해지다가 어느 시점부터는 심각한 문제로 발전하기도 한다. 물론 예외적으로 회복이 되는 경우도 있긴 하겠지만 대개의 경우에는 서서히 악화된다.

자신이 잘 못하는 것은 하기 싫어하게 되고, 그러다 보니 더욱 안 하게 되는데 그러다가 점점 더 자신감을 잃거나 말도 안 되는 오해, 혹은 집단 괴롭힘을 당하는가 하면 불안과 마음의 상처 같은 이차적 장애가 생기는 등 훨씬 더 복잡한 문제로 발전하는 것이다.

K군의 경우에도 세 살 검진 때 요육에 대한 제안을 받았지만 그레이존이라는 진단명을 문제가 그리 심각하지 않은 것으로 받아들였기 때문에 악화된 사례라 할 수 있다. 만약 이때 빨리 적절한 교육과 트레이닝을 시작했더라면 K군의 상태와 학교생활은 많이 달라졌을 것이다.

그레이존은 결코 지켜보기만 하면 되는 상태가 아니라, 세심한 주의와 적절한 지원이 필요한 상태이며, 그것이 가능한지 여부에 따라 운명이 엇갈린다는 점을 명심해야 한다.

## / 도대체 왜 이렇게 살기 힘들다는 느낌이
드는 걸까? /

그렇다면 성인의 경우에는 어떨까? 어린 시절을 무난하게 넘기고 30대, 40대가 된 이후부터 서서히 사는 게 버거워져서 병원을 찾는 사람들이 늘고 있다. 사회에 적응하기가 너무 힘들고 사는 게 버겁다는 느낌이 들자 도대체 왜 이러는지 그 답을 발달장애에서 찾으려고 하는 것이다. 40대 여성 U씨가 바로 그런 케이스다.

교사인 그녀는 자신의 직업에 보람을 느끼는 사람이다. 몇 년 전부터는 특별 지원 교육 업무를 하게 됐는데 그 과정에서 문제가 있는 아이를 맡게 되고 그 보호자와 상담을 하면서 자신도 똑같은 문제를 겪고 있는 것 같다는 생각이 들었다.

그녀는 건망증이 너무 심했다. 우산이나 안경, 지갑 같은 걸 어디 두었는지 자주 잊어버리곤 했다. 사라졌다고 생각했는데 누군가가 U씨 책상에 가져다놓기도 했다. 어디 갔지, 어디 갔지 하면서 찾아 헤매다가 겨드랑이에 끼고 있다는 걸 깨달은 적도 있다. 주변 사람들이 이런 사실을 다 눈치챘다고 생각했을 때는 얼굴이 빨개져서 사람들 앞에 나서는 게 더 무서워졌다. 또 뭔가를 골똘히 생각하다가 회의 시간이나 면담 시간을 지키지 못하는 경우도 자주 있었다.

이런 증상이 계속되자 물건을 자주 잃어버리는 아이들과 자신이 너무 똑같은 것 같아 '혹시 나도 ADHD가 아닐까' 하고 생각하게 되었던 것이다. 그녀의 고민은 이뿐만이 아니었다. 지금까지 살면서 몇 번이나 친밀한 관계로 발전할 수 있는 남성이 있었지만 관계가 깊어지기 시작하면 갑자기 두려워져서 거리를 두다가 멀어졌던 것이다. 그녀는 누군가에게 애교를 부리거나 자신을 있는 그대로 드러내면서 친밀감을 느끼는 게 불가능했다. 차라리 일이 훨씬 마음 편했다. 교사라는 페르소나를 쓴 채 사람들을 대하면 진짜 자기 모습은 드러낼 필요가 없었기 때문이다.

'나는 왜 진심으로 사람들과 대화하지 못할까?'
'왜 뭐든 혼자 다 짊어지려고 하고 누구에게도 기대지 못할까?'

이런 고민에 빠진 그녀는 자신의 이런 성향이 발달장애와 관계가 있을 거라는 막연한 생각을 했다. 실제로 그녀를 만나 보니 무척이나 진지하고 노력하는 사람 같았다. 그녀는 워커

홀릭으로 살면서 늘 과로사의 경계선까지 자신을 소진시키면서 살아왔다. 자신보다 타인의 감정에 더 예민하게 반응하면서 살아온 것 같았다. 이런 성향은 대개 부모와의 관계에서 비롯된 경우가 많기 때문에 우선 집안 환경에 대해 물어봤다.

어린 시절 그녀는 폭력적인 아버지가 언제 또 날뛰지 않을까 싶어 늘 오들오들 떨면서 살았다고 말했다. 어머니도 아버지의 눈치만 볼 뿐 딱히 그녀의 편을 들어주는 것도 아니었다. 그녀가 아무리 옳은 말을 해도 아버지의 심기를 거스르면 질책하기만 했다. 그래서 아버지가 일찍 세상을 떴을 때, 슬픔보다 해방감이 훨씬 더 컸다고 한다. 하지만 그 이후에도 불안정한 상태는 지속되었고, 생활력 없는 어머니를 대신해서 집안 경제를 책임져야 했다. 몸이 부서져라 노력해서 공부도 잘하게 되었고, 교사가 된 이후에 일적인 부분에서 나름 인정받는 사람이 된 것이다. 그런 점에서 그녀는 스스로 대견하다고 생각하면서도 문득문득 도대체 뭘 위해 이렇게까지 열심히 살았을까 하는 생각이 들곤 했다.

U씨는 교사로서 열심히 생활했고 20년 이상 별 탈 없이 잘 지냈기 때문에 발달장애였다고 말하기는 힘들다. 원래 ADHD로 진단받으려면 열두 살이 되기 전까지 부주의나 다

동(多動), 충동성 증상 등등이 나타나야 하는데, 초등학생 시절부터 그녀는 우등생으로 성적이 좋았을 뿐 아니라 특별히 문제 될 행동도 하지 않았기 때문에 장애가 있었다고 말하기는 힘들다.

그런데 일적으로도 성공하고 겉으로는 멀쩡해 보이는 사람이 항상 부족함을 느끼거나 인생이 잘 풀리지 않는다고 느낀다는 건 마음속 깊은 곳에 어떤 문제가 잠복해 있는 거라고 봐야 한다.

사실 주위 환경에 지나치게 신경을 쓰거나 움찔움찔 자주 놀라는 사람의 경우 이것이 다동 증세인지, 아니면 그냥 부주의한 성향인 것인지 헷갈리는 경우가 너무 많다. 또한 어린 시절 학대를 받으면서 자란 아이는 성인이 된 이후부터 ADHD 같은 증상이 드러나기 시작하면서 점점 강해지는 경우도 있다.

일반적인 발달장애 검사에서는 잘 하지 않지만 애착 장애(애착 트라우마) 검사를 해본 결과, U씨는 '공포회피형'이라는 결론이 나왔다. 공포회피형은 상처받을까 봐 마음을 터놓는 친밀한 관계를 만들지 않는 유형으로 그 누구에게도 애교를 부려본 적 없는 U씨의 성품과 일치했다. 이런 특징을 생각해

보면 U씨는 유전적 요인 때문에 ADHD 증세가 나타났다기보다는 어린 시절의 불안정한 환경 때문에 애착 장애가 생겼고 그것이 ADHD와 비슷한 증세로 표출되었다고 봐야 한다.

이런 상태는 발달성 트라우마 장애라고도 하는데, 주로 불안정한 환경에서 학대당한 사람들에게서 나타나고 ADHD와 비슷한 행동을 하는 경우가 많다. 가족에게 인정받지 못한 U씨는 다른 사람보다 몇 배나 더 노력해서 제삼자의 평가를 얻음으로써 마음의 평화를 얻으려고 했던 것이다. 그러다 보니 만성적인 수면 부족이 될 정도로 과도하게 일했고 그 후폭풍으로 잔실수가 늘어난 것이다. 이렇듯 발달장애는 아닌 그레이존인 경우 핵심적인 문제로 따로 있다. 이런 현상은 비단 U씨뿐 아니라 그레이존에 해당하는 사람들에게는 드물지 않게 나타난다.


## / 왜 성인이 된 후에
   ADHD 증세가 나타날까? /


몇 년 전 오랜 기간에 걸쳐 뉴질랜드에서 실시된 코호트cohort,

연구 결과가 발표되어 세계에 큰 충격을 주었다.

그 내용은 성인 ADHD의 경우 어린이 ADHD와 달리 발달장애가 아니며 전혀 다른 종류의 사람에 증세도 다르다는 것이다. 코호트 연구는 인과관계를 증명하는 측면에서 신뢰도가 높았기 때문에 전문가들은 경악했다. 그 이전까지 대다수의 전문가들은 어린 시절 ADHD였던 사람이 성인 ADHD가된다고 믿고 있었기 때문이다(실제로 성인 ADHD인 사람은 열두 살 무렵부터 증세가 나타나는데 이것이 성인이 되면서 점점 심해진다).

이 연구를 통해 알게 된 또 하나의 중요한 사실은, 성인 ADHD는 원래 ADHD에 비하면 신경학적인 장애가 가벼운데도, 실제로는 더 살기 힘들다고 느낀다는 것이다. 실제로 조사해보면 성인 ADHD의 경우 정신적으로 병들어 있는 사람의 비율이 매우 높았다. 장애 진단 기준으로는 그레이존에 해당하지만 당사자 입장에서는 발달장애인 못지 않게 사는게 괴롭다고 느끼는 것이다.

그렇다면 성인 ADHD의 실체는 뭘까? 왜 성인이 된 후 이런 증세가 나오는 걸까? 딱 한 가지 원인만 있는 건 아니지만 어린 시절 부모에게 학대를 받았거나 안정감이 없는 상태에서 가혹한 일을 경험한 경우가 가장 많다. 이런 경험을 한 사람은 그렇지 않은 사람에 비해서 ADHD(정확히는 ADHD와 분간이 힘든 의사疑似 ADHD) 증세를 겪을 위험성이 몇 배나 높은 것이다.


## / 병원까지 가야 할 정도로 힘들다면? /

'그레이존'이라는 게 단순히 장애와 비장애의 경계에 있다는 의미가 아니라는 걸 보여주기 위해 또 하나의 사례를 살펴보도록 하자.

　단적인 예로 경계성 인격 장애의 경우만 봐도 그렇다. 이 또한 과거 정신병과 신경증의 경계 지점에 있는 상태라고 생각해서 '경계'라는 용어를 사용했다. 그런데 지난 몇 십 년 동안 실제로 그 어느 쪽과도 전혀 다른 성격의 장애이며, 살기 힘들다고 느끼는 감정도, 치료 과정의 고통도 양쪽 경우 못지않게 심각하다는 것이 확실하게 밝혀졌다.

　최근 들어 경계성 인격 장애는 애착 장애와 그에 수반하는 복잡성 트라우마(한 번의 강한 공포 체험에 의한 것이 아닌, 비교적

가벼운 사건이 오랫동안 반복되면서 생겨난 트라우마)가 그 원인이
라는 것이 알려졌다.

발달장애의 그레이존도 이것과 같은 맥락으로 봐야 한다.
단순히 증세의 수준이 다르기 때문에 비장애로 분류되는 게
아니라 여러 복합적인 원인이 잠복해 있는 상태로 생각해야
한다.

단순하게 생각해봐도 그렇다. 사는 게 너무 힘들어서 병원
까지 찾아가는 사람이라면 증세가 가볍다고 하더라도 그 안
에 뭔가 설명하기 힘든 복잡한 사연이 들어 있을 것 같지 않
은가? 물론 발달장애에 비해서는 증세가 가벼운 경우도 있지
만 애착 장애나 트라우마가 내재된 경우에는 오히려 나중에
심각한 증세가 나타나는 경우도 많다. 오히려 발달장애의 경
우, 만약 증세가 가볍다면 너무 힘들다는 생각은 들지 않을
수도 있는 것이다. 상황에 맞게 잘 대처하면 그럭저럭 평탄한
인생을 보낼 수도 있다는 말이다.

하지만 애착 장애가 심각하거나 마음의 상처가 뒤엉켜 있
는 경우에는 겉으로 드러나는 증상이 가볍다고 해도 근본적
인 문제가 해결되지 않기 때문에 더 힘들어하는 경우가 많다.
그러므로 그레이존인 경우에도 애착 장애를 갖고 있지는 않

은지, 마음 깊은 곳에 상처가 들어 있지는 않은지 잘 살펴봐야 한다. 만약 이런 상처가 마음 깊은 곳에 들어 있다면 이 부분에 접근해서 치료를 하지 않는 이상, 살기 힘들다는 마음은 사라지지 않는다. 그러므로 우선 그 사람의 상태가 어떤지를 잘 관찰해봐야 한다.


## / 사람 수만큼 다양한 그레이존의 형태 /

발달장애가 널리 알려지면서 이에 대한 정보가 넘쳐나자, 자신 혹은 자녀가 발달장애가 아닐까 하고 의심하다 병원을 찾는 사람들이 늘고 있다. 그러다 보니 그레이존에 해당한다고 진단받는 경우가 자연스럽게 늘어났다.

장애 수준을 산(山)에 비유해서 이야기한다면 그레이존은 산 중턱부터 밑부분에 해당된다. 팔부 능선 이상을 '장애 수준'이라고 하면 육부 능선이나 칠부 능선인 경우에도 그레이존이라 진단받을 수 있다. 이렇게 보면 그레이존에 해당하는 비율은 장애라고 진단받는 경우보다 훨씬 더 넓다.

알기 쉽게 지적 장애의 비율로 비교해보자. 보통 IQ 70 미만인 경우 지적 장애로 진단받는다. 비율로 하면 일반인의 2.2%이다. 그런데 IQ가 70 이상 85 미만(80 미만으로 하는 경우도 있다)인 지적 장애의 그레이존에 해당하는 사람의 비율은 일반인의 10% 정도나 된다. 지적 장애보다 몇 배나 많은 사람이 그레이존에 해당하는 것이다.

자폐증이나 ADHD 같은 경우에도 증상에 따라 다양한 스펙트럼이 존재한다. 장애라고 진단받지 않아도 증세 때문에 살기 힘들다고 느끼는 사람은 몇 배나 더 많이 존재한다는 말이다. 확률적으로 더 많은 사람이 그레이존일 뿐 아니라 겉으로 드러나는 상태도 매우 다양하다.

예를 들어 어떤 병이라고 진단받으려면 A, B, C라는 세 가지 조건에 해당해야 한다고 치자. 그레이존의 경우에는 A와 B, B와 C, A와 C에만 해당하거나 A, B, C 중 어느 것 하나에만 해당하지만 그 정도가 강하고, 살기 힘들다고 느끼는 사람이 포함돼 있다. 이렇게 분류하는 것만으로도 여섯 가지 경우의 수가 있는데, 증세도 케이스에 따라 전혀 다르게 나타난다. 이것은 사람이 갖고 있는 개성이나 고유한 캐릭터와 연관이 있다. 이 점이 발현되든 발현되지 않든 내용을 잘 이해하는 것이 중요하다. 그냥 진단명만으로는 그 사람의 상황을 이해할 수가 없다. 똑같은 그레이존이라고 해도 사람에 따라 상황에 따라 어떻게 대처하는 게 좋은지 해결책이 달라질 수 있기 때문이다.

# / 2장 /
# 같은 행동을 고집하는 사람

외톨이가 될 걸 알면서도 왜 고집을 버리지 못할까?

나는 왜 사는 게 힘들까?

## / 같은 행동 패턴에 집착한다 /

발달장애나 그 경향을 가진 사람들의 특성 중 하나는 같은 행동 패턴이나 루틴에 집착한다는 것이다. 이들은 이 행동을 누군가 방해하거나 예상치 못한 일이 생기면 불안해하면서 엄청난 스트레스를 받는다. 하지만 이 증상이 있다고 해서 다 발달장애는 아니다. 이런 행동 패턴이 특징인 경우에는 자폐증도 있는데 확실히 이걸로 진단받으려면 커뮤니케이션이나 사회성 장애도 있어야 한다. 하나의 행동 패턴을 고집하더라도 사람들과 커뮤니케이션하는 데 무리가 없는 경우에는 그레이존이라는 판정을 받게 된다.

단, 한 가지 같은 행동 패턴에 집착하는 것만으로도 장애로 진단받는 경우가 있는데 그것은 바로 상동운동(常同運動) 장애다. 이것은 어떤 단순한 행동을 계속 반복하는 게 특징이라 자폐증이라 판단하는 경우가 많긴 한데, 일상생활이 힘들 정도로 증세가 심한 경우에는 상동운동 장애라고 진단할 수 있다. 이 경우를 제외한 나머지 많은 경우에서는 단지 이 특징이 있다고 해서 장애라고 단정 짓지는 않는다. 또 감각 과민도 자폐증으로 인정하기 쉬운 증상이지만 이것만으로는 장애라고 확정 지을 수 없다.

DSM(아메리카정신의학회의 정신 장애 진단 및 통계 매뉴얼)의 진단 기준에 따르면, 자폐증의 경우 사회적 커뮤니케이션 장애와 같은 행동을 반복하는 증세, 이 두 가지 모두에 해당되어야 한다. 또 여기 같은 행동을 반복하는 증세는 ①상동운동 ②특정 행동이나 사고에 대한 집착 ③한정된 대상에 대한 강한 관심 ④감각 과민 또는 둔감, 이상 네 가지가 있는데 이 중 두 가지 이상에 해당되어야 한다.

'같은 행동을 반복하는 증세'가 너무 긴 표현이므로 '집착증' 혹은 '고집증'이라 부르기로 하자. 위에서 말한 네 가지 증상은 자신이 신경 쓰는 것에 대한 강한 집착과 그 이외의 것에 대한 무관심이라는 측면에서 공통점이 있다. 또 이 네 가지 증세 중 여러 가지를 동시에 보이는 경우가 많고 네 가지 다 신경학적 메커니즘은 뿌리가 같은 것으로 추정하고 있다. 아직까지 모든 것이 밝혀진 것은 아니지만 전두엽이 손상되었을 때 이런 증세가 나오는 것은 확실해 보인다. 또 옥시토신이라는 호르몬과 세로토닌, GABA라는 신경전달물질의 작용이 원활하지 않을 때도 집착증이 강해진다.

만약 이런 집착증만 있고 커뮤니케이션에는 문제가 없다면 상동운동 장애가 아닌 한 그레이존에 해당된다고 볼 수 있다. 다만 집착증이 너무 강한 경우에도 그레이존이라 해도 되는 건지는 의문이다. 집착증이 너무 심한 경우 커뮤니케이션 장애 못지않게 사회에 적응하며 살기가 힘들기 때문이다.

이번 장에서는 집착증의 특징과 원인, 증상, 치료법과 대처법에 대해 살펴보려고 한다. 그러기 위해 우선 네 가지 증상에 대해 살펴보자.

### ① 상동운동

말 그대로 같은 패턴의 운동이나 행동을 반복하는 것이다. 자폐증인 어린이들은 폴짝폴짝 뛰는 동작을 반복하거나, 빙글빙글 계속 돌거나, 본인이 정한 대로 물건을 줄 세우거나 그것을 돌리고 같은 내용으로 크게 소리를 지르는가 하면, 뭔가를 끊임없이 두드리는 행동을 반복한다. 때로는 손가락 끝을 물어뜯거나 입술을 깨물고, 머리를 부딪는 자해 행위를 계속 반복하는 경우도 있다.

증상이 가벼운 사람에게도 자주 나타나는 증상으로, 방 안을 빙글빙글 돌거나 반복적으로 손가락을 튕기거나, 연필을 손가락으로 돌리거나 혹은 계속해서 의자를 흔드는 행동도 있다. 평소에는 괜찮다가 긴장했을 때만 증세가 나타나는 경우도 있는데 이는 일부러 문제를 일으키는 것이 아니라 마음의 안정을 찾기 위해서다. 자해를 하거나 극단적인 행동을 하는 게 아니라면 이런 행동 자체가 큰 문제라고 보기는 힘들다는 말이다.

다만, 갓난아기가 손을 비비는 동작을 반복할 경우에는 주의가 필요하다. 레트 증후군(rett syndrome)이라 부르는 장애일 가능성이 있기 때문이다. 레트 증후군은 생후 반년 정도까지는 순조롭게 성장하다가 급속도로 두뇌 발달이 더뎌지고 자폐 성향이 강해지는 선천성 장애다. X염색체 우성 유전을 하기 때문에 여자아이에게 많이 발견되는 것도 특징이다.

상동운동이 생기는 병리학적 메커니즘은 아직 충분히 밝혀지진 않았지만 몇 가지 요인은 나와 있다. 그중 하나는 신경세포의 흥분을 억제하는 GABA라는 신경전달물질의 작용이 약해져서 생기는 경우다. 또 하나는 비타민D의 부족으로 생기는 경우인데, 이때는 비타민D를 보충해주면 증상이 호전되는 것으로 알려져 있다.

### 빌 게이츠가 버리지 못한 어린 시절의 버릇

마이크로소프트의 창업자 빌 게이츠는 어린 시절 사회성 발달이 늦어 어머니가 한 살 늦게 학교에 보낼까 고민할 정도였다. 백과사전을 즐겨 읽어 지식은 풍부했지만 친구들과의 커뮤니케이션은 별로 좋지 않았다. 그래도 그는 사업을 일으켜 세계적인 기업으로 발전시켰다.

그런데 그가 세계적으로 큰 성공을 거둔 이후에도 어린 시절부터 오랫동안 갖고 있던 버릇을 버리지 못한 게 하나 있었다. 그것은 바로 격렬하게 의자를 흔드는 버릇이었는데 회사 내에서도 이미 유명했다. 생각에 집중하면 더욱 심해졌다고 한다.

## ② 특정 행동이나 사고에 대한 집착

상동운동이 단순한 신체 행동(소리치는 것 등도 포함된다)을 반복하는 것인 데 비해 특정 행동이나 사고에 대한 집착은 약간 더 복잡한 행동을 반복하려는 습성을 말한다. 이를테면 유연성이 없는 사고방식, 융통성 없는 고집 등에 사로잡히는 것 등등이다.

정해진 자리에 앉아 매번 같은 메뉴를 주문하지 못하면 못 견디거나 아주 디테일한 부분까지 정해진 습관을 반복하고 있는데 그것이 흐트러지면 감정적으로 동요한다거나 하는 것부터 자신만의 사상에 강하게 몰입되어 그것에 어긋나는 것을 극도로 싫어하는 경우 등등을 예로 들 수 있다.

## 중학생 자녀가 있는 보호자 대상 고집증 설문조사

**질문** 당신의 자녀는 특정한 자신만의 방식이 있고 그것에 집착하나요?

|  | 응답 수 | 구성비 |
| --- | --- | --- |
| (1) 네 | 82 | 5.8% |
| (2) 굳이 말하자면, 네 | 399 | 28.4% |
| (3) 굳이 말하자면, 아니오 | 565 | 40.2% |
| (4) 아니오 | 342 | 24.3% |
| 응답 없음 | 18 | 1.3% |
| 합계 | 1406 | 100.0% |

또한 일단 말하고 나면 자신에게 불리하다는 걸 뻔히 알면서도 좀처럼 생각을 바꾸지 않거나, 형식이나 방식이 평소와 다르다는 이유만으로 그것을 인정하지 않은 채 스트레스를 받거나 혼란스러워한다.

이런 고집증은 빈도수가 얼마나 될까? 우리나라에서 그렇게 큰 규모의 조사는 진행한 적이 별로 없는데, 어느 조사(우오즈미, 2005)에 따르면 중학생 학부모(응답자 수 약 1400명)에게 자녀가 특정한 자신만의 방식에 집착하는지를 물어본 결과, '네'라고 대답한 사람이 5.8%에 이르렀다. 가벼운 증세까지 포함하면 약 3분의 1이나 되었다. 이 조사 결과를 봐도 알 수 있듯이 고집증은 정말 우리 주변에서 흔히 볼 수 있는 문제이다. 특정 행동 패턴에 대한 고집은 더 높은 차원의 고상한 행동에 대한 집착으로 나타나는 경우도 많다.

자신만의 규칙을 고집스럽게 지키려 한다거나, 정해진 생활 패턴대로 살지 않으면 불안해하고, 일의 생산성이 저하되는 경우도 있다. 자신의 규칙이나 페이스가 흐트러지는 것이 싫어서 결혼이나 자녀 양육에 소극적인 경우도 있다.

## 작가 무라카미 하루키의 경우

작가 무라카미 하루키는 어린 시절 독서와 피아노가 취미인 내성적인 소년이었다고 한다. 당시로서는 드문 외동아들이었던 것도 약간의 영향이 있었을지도 모른다. 그렇다 해도 학창 시절 못된 친구들과 어울리거나 도가 지나치게 행동한 에피소드도 많은 걸 보면 사교성이 아예 없었다고는 할 수 없을 것 같다. 재수를 하고 들어간 와세다 대학에서 훗날 아내가 되는 여성과도 만났다.

그는 아내와 둘이 재즈 카페를 열었는데 제법 장사가 잘 된 모양이었다. 아내의 도움이 있었다고는 하지만 경영자로서도 나름대로 재능이 있었을 것이다. 나중에 무라카미와 함께 문단에서 활약한 작가들도 그의 가게에 자주 왔다고 한다. 그중 한 명인 작가 나카가미 겐지(中上健次)는 그때 있었던 일을 어떤 인터뷰에서 이야기했는데 다음과 같다.

나카가미가 특유의 신랄한 말투로, "당신은 손님들이랑은 거의 한 마디도 안 하잖아요"라고 말하자 무라카미는 "아니에요. 제가 원래 말이 많은 편은 아니지만 그래도 장사를 해야 하는데 너무 말을 안 해도 안 좋은 것 같아서 노력하긴 했어요. 다들 저한테 사교적이지 못하다고 하시는데, 저로서는 정말 최선을 다한 겁니다" 하며 쓴웃음을 지었다.

이 말에서 그가 회피형 성향이 있다고 느낄 수도 있는데, 그것은 아름다운 문장을 만들어내는 섬세한 감성과 떼려야 뗄 수 없는 특성임에 틀림없다.

그는 바쁘게 가게를 운영하면서도 한편으로는 틈틈이 짬을 내어 원고지와 씨름했던 모양이다. 사업으로 성공했다고 해도 그의 내부에서는 자신이 원래 있어야 할 장소가 아닌 그곳에서 탈출하고 싶다는 바람이 있었던 게 아닐까. 신인상을 받고 무라카미는 곧바로 가게를 다른 사람에게 넘기고 작가 생활에 전념하기로 결심했다.

만약 그가 계속 사업에 관심을 갖고 가게를 운영했다면, 작가로서 그의 커리어는 훗날 많이 달라졌을지도 모른다. 어떻게 보면 작가라는 길을 택하고 우직하게 걸어간 덕분에 세계적인 성공을 거둔 거라고 볼 수도 있을 것이다. 무라카미는 결혼은 일찍 했지만 아이는 갖지 않았다. 그 이유에 대해 물었을 때 그는 다음과 같이 대답했다.

"아이를 갖는 게 낫지 않을까 하고 고민하던 시기도 있었지만…… 가게를 하느라 여유도 없었고, 아이 없이 저랑 집사람이랑 둘이 사는 패턴이랄까 스타일 같은 게 몸에 배어버렸어요. 특히 저 같은 직업은 집에서 아등바등 일해야 되잖아요. 그러다 보니 아이가 있으면 잘할 수 있을 거라는 자신감이 사라지더라고요. 저는 비교적 제 페이스를 확실히 정해놓고 해치우는 유형이라, 그 패턴에 뭔가 새로운 게 끼어드는 건 익숙지가 않거든요."

> 무라카미는 자신의 페이스를 지킴으로써 작품이라는
> 순수하고 완성된 세계를 만들어낼 수 있었을 것이다.

## / 내 말이 정답인 사람 /

자신만의 페이스, 스타일을 중시하면 창조적인 일을 생산적으로 해내는 결과를 낳기도 하지만 이것이 지나칠 경우 특히 주변 사람들에게 강요할 경우에는 역효과가 생긴다. 제일 흔한 문제 중 하나는 가족이나 주변 사람들을 지나치게 속박함으로써 관계에 큰 문제가 생기는 것이다.

입만 열면 아이나 배우자가 돼먹지 못했다고 화를 내는 사람이라면 이 경우에 해당될 확률이 높다. 또 뭔가에 대해 "절대 이렇게 하지 않으면 안 돼"라고 확고하게 말하는 것도 마찬가지이다. 이런 사람이 배우자나 자녀를 지배, 학대하게 되면 불안정한 애착 관계가 형성되어서 그들에게 평생의 괴로움을 제공한다. 그들 중에는 복잡성 외상 후 스트레스 장애 (PTSD, 비교적 경미하지만 지속적인 트라우마에 의해 생겨나는 장애)

같은 상태가 되는 경우도 있다.

I씨는 30대 여성으로 직업은 공무원이다. 어린 시절부터 올곧은 성격이어서 불합리한 것을 보면 잘못됐다고 소리치지 않고는 못 배기는 구석이 있었다. 공부는 잘했지만 선생님들이 보기에는 귀찮은 학생이었을지 모른다.

그녀의 부모는 애정 표현에 인색한 사람들이었다. 부모 앞에서 어리광을 부리거나 칭찬받은 기억은 거의 없었다. 단지 성적이 잘 나왔을 때만은 인정받았던 경험이 있었기 때문에 공부를 열심히 했다. 좋은 성적이 그녀에게 자신감을 심어주었고 무슨 일을 하든 최대한 노력해서 결국 이뤄냈다는 자부심을 안겨주었다.

그녀의 남편은 정반대였다. 수입도 불안정했고 스스로에 대해 자부심도 없는 사람이었다. 그런데 왠지 보고 있으면 그냥 모른 척 내버려둘 수 없는 한마디로 동정심을 자극하는 캐릭터였다. I씨는 그를 도와주면서 자신의 존재감을 느꼈고 결국 결혼까지 하게 되었다. 그런데 육아를 하면서부터 상황이 바뀌었다. I씨가 해야 할 일이 심하게 늘어나자 자꾸 억울하다는 생각이 들었던 것이다. 그녀는 왜 자신만 이렇게 힘들어해야 하는지 마음이 답답해졌다. 어느 날 문득 정신을 차리자, 아침부터 저녁까지 남편과 아이가 하는 모든 일에 불만과 비난을 퍼붓는 자기 자신을 발견했다. 자신은 어렸을 때 맛보지 못했던 따뜻한 가정을 만들고 싶었는데, 왜 이렇게 돼 버린 것일까 생각하면서도 도저히 입을 가만히 다물고 있을 수가 없었다.

남편도 아이도 자기 멋대로 하는 유형이라, 제발 이렇게 해달라고 부탁을 하고 또 해도 지켜주지 않았다. 그럴 때마다 I씨는 날카롭게 소리쳤다. 자신이 만들어놓은 규칙에 어긋날 때면 I씨는 어마어마한 스트레스를 받았던 것이다. 자신은 가족을 위해 몸이 부서져라 헌신하고 있는데 정해진 규칙을 지키기 위해 어떤 노력도 하지 않으려고 하는 남편과 아이에게 분노가 솟구쳐 올랐다.

그녀는 "더 이상 엄마를 괴롭히지 마"라는 말을 입버릇처럼 하게 되었다. 결국 마음이 너무 힘들어진 그녀는 내가 운영하는 심리치료실에 상담 요청을 했다. 인지 행동 치료를 받은 이후 그녀는 자신이 상대방의 개성이나 감정을 무시한 채 자신이 만든 규칙대로 행동하기만을 바랐다는 사실을 깨닫게 되었다. 또 자신이 좋은 일보다 안 좋은 일을 먼저 발견하고 그것에만 온 신경을 집중하는 버릇이 있다는 것도 알게 되었다.

더 나아가 모든 것이 상대방의 잘못이라고 생각하는 습성이 자신의 문제라는 것, 상대방을 바꾸려고 하는 것보다 자신의 수용 방식을 바꾸는 게 훨씬 더 편할뿐더러 상대방을 변화시키는 데도 유용하다는 것을 깨닫게 되었다.

## / 불의를 보면 절대 참지 못하는 사람 /

위 사례처럼 상대가 가족이면 어느 정도까지는 참아주기 때문에 견디다 보면 나아지기도 하는데, 직장에서 만난 사람에게 이런 행동을 하면 사회생활에 큰 걸림돌로 작용해서 인생이 흔들리는 경우도 많다. 정의감이 너무 강한 나머지, 상사든

공무원이든 거래처 사람이든 틈을 발견하면 공격하고 물어뜯는 바람에 결국에는 그 조직에서 소외되는 경우도 흔하다.

상황에 맞게 협상을 하고 넘어가면 될 일도 그냥 넘기지 못하고 꼬치꼬치 따지다가 주변 사람들과 옥신각신하는 경우도 다반사다. 스스로 이런 결과가 나올 걸 알면서도 잘 고치지 못한다.

드라마나 영화 속 주인공은 이런 경우에도 개의치 않고 거대 악과 싸워서 승리하지만, 현실 세계에서 그렇게 살면 평생 고생만 하다가 인생이 끝나버린다.

---

### 인간관계의 끝이 안 좋았던 남자의 '코페르니쿠스적 전환'

50대 남성 U씨는 박사후 연구원으로서 오랜 경력을 쌓았고, 대학에서도 나름대로 자신의 지위를 획득했다. 그는 한 가지 일에 열중하면 먹고 자는 것마저 잊은 채 성과가 나올 때까지 오직 그것에 몰두했다.

그렇다고 해서 사회성이 떨어지는 것도 아니었다. 자신이 먼저 동료, 후배들에게 말을 건네고 함께 술도 마시면서 그럭저럭 원만하게 교류를 나누는 타입이었다. 그는 같은 연구원으로 일하는 후배에게 다른 일자리를 알아봐주거나 후배들의 고민 상담 역할도 자처했다. 연구원이었던 아내를 만난 것도 그의 이런 열정적인 행동력 덕분이었다. 그런데 그의 인생이 순풍에 돛 단 듯 평탄하기만 했던 것은 아니다. 그 이유는 바로 그의 강력한 정의감 때문이었다.

대학이라는 세계는 지도교수를 중심으로 한 피라미드식 지배 구조로 이루어져 있기 때문에 상황에 따라 절대적으로 불합리한 일들도 빈번하게 일어나는 곳이다.

젊은 혈기에 그는 이런 낡은 관습을 용납할 수가 없었다. 특히 교수의 개인적인 의견대로 평가와 인사가 다 결정되는 것을 두고 볼 수가 없었다. 처음에는 말단이었기 때문에 꾹 참고 따랐지만 점차 연구 실적을 올리면서 나름 능력을 인정받게 되자 상대가 누가 됐든 상관하지 않고 입바른 소리를 하기 시작했다. 그러자 지도교수는 그런 그를 부담스러워했고 결국 크게 부딪히는 사건이 일어난 후 연구실을 옮기게 되었다. 그 후로는 어딜 가든 이런 일들이 계속 반복되었다.

다행히 그의 능력과 실적을 높게 평가한 한 사람이 구원의 손길을 뻗어주어서 계속 연구자로서 커리어를 이어갈 수 있었지만 다시 몇 년 정도가 지나자 자신을 구해준 그 사람과도 마찰이 생기고 말았다.

이 사건이 있기 전까지 그는 불의에 저항하지 않고 태연하게 보고만 있는 주변 사람들이 무책임한 것이고 문제의 원인이라고 생각했다. 이런 부조리한 세계를 눈앞에서 보면서도 못 본 척하는 사람들에게 울분을 느꼈기에 자신만이라도 소리 높여 말하지 않으면 안 된다고 생각했던 것이다.

하지만 자신을 믿어주고 그리고 자신도 믿었던 사람과도 어긋나자 '나한테도 문제가 있는 건 아닐까', '혹시 나한테도 발달장애가 있는 게 아닐까' 하는 생각을 어렴풋이 하기 시작했다. 태양이 지구를 도는 게 아니라 지구가 태양을 돌고 있다는 것을 발견한 코페르니쿠스처럼 어느 순간 그는 자기 자신을 객관적인 시점에서 바라볼 수 있게 된 것이다.

그는 일방적으로 자신의 말을 늘어놓고, 상대방의 기분보다 자신의 기분을 우선시하는 면이 있었지만 언변이 좋고 리더십도 있었기 때문에 사회적 커뮤니케이션에 장애가 있다고까지는 말할 수 없다.

또한 어린 시절부터 감각 과민이나 집착증 같은 증세도 없었다. 물론 자신의 관심사에 몰두하면 다른 일은 전혀 안중에도 없다는 점, 자신의 행동 규범과 기준에 사로잡혀서 다른 사람의 행동이나 생각을 받아들이지 못한다는 점은 자폐증의 특징이긴 했다. 이런 경우 그레이존에 해당한다고 볼 수 있는데 그가 지금까지 반복했던 실수를 다시 하지 않으려면 자기 자신을 객관적으로 이해하고 대책을 세워야 한다. 그의 고집증을 어떻게 이해하면 좋을까?

## / 집착 기질과 강박성 인격 장애 /

특정한 행동 규범이나 사고, 감정에 대한 집착 등의 특성은 정신 의학자인 시모다 미쓰조(下田光造)가 일찍이 '집착 기질'이라고 불렀던 것과 일맥상통한다.

집착 기질이란, 일에 열심이고, 골몰하는 성격, 철저함, 정직함, 꼼꼼함, 강한 정의감, 눈속임이나 흐리터분한 것을 싫어하는 성격으로, 시모다는 이 기질을 갖고 있는 사람들이 어떤 한 가지 감정에 사로잡히면 다른 것은 생각하지 못한 채 계속 그 감정에만 집착한다고 말했다. 시모다는 집착 기질이 조울증의 전 단계라고 주장했다. 이런 유형의 사람들은 잠잘 틈도 없이 일에 빠져드는 시기와 피곤에 절어 나가떨어지는 시기가 교대로 일어난다. 반드시 조울증이라는 표현을 쓰지 않더라도 모든 일이 술술 잘 풀릴 때, 그리고 피곤이 쌓여서 모든 것이 꽉 막혔을 때가 번갈아 나타나면서 병증이 보인다.

앞서 소개한 U씨의 경우에도 그런 경향이 있었다. 또한 집착 기질은 조울 성향이 있는 사람뿐만 아니라 우울증에 걸리기 쉬운 사람에게서도 나타난다. 일반적으로 말하는 인격 장애의 분류로 말하자면, 집착 기질은 강박성 인격 장애에 가깝다. 강박성 인격 장애는 책임감이나 의무감이 강해 '~해야 한다'는 자신의 규범에 사로잡힌 상태에서 그것을 유연하게 변경하거나 선뜻 완화하지 못하는 유형이다. 융통성이 부족해서 일단 정해진 일이나 규칙은 반드시 지키려고 한다. 이런 성향이 있지만 장애 수준까지는 아닌 경우에는 '강박성 인격 스타일' 혹은 '강박성 인격'이라 부른다. 집착 기질도, 강박성 인격 장애도 의무나 책임, 규범에 사로잡혀서 다른 것은 전혀 생각하지 못한다는 점에서 같다. 이런 행동의 뿌리에는 특정한 행동이나 사고관에 대한 집착증이 있다고 할 수 있다. 자신의 장점을 강화하고 단점을 최소화하기 위해서는 우선 스스로가 어떤 특징을 갖고 있는지 파악하는 것이 중요하다. 과거를 돌아보면서 행적을 기록해보거나 카운슬링과 인지 행동 치료를 받으면서 수용 방식, 대처 방식을 바꾸기 위해 노력하는 것이 좋다. 자기 객관화를 할 수 있게 되면 실패 패턴도 최소화할 수 있다.

### ③ 특정 대상에 대한 강한 집착

집착에는 또 하나의 다른 유형이 있다. '그는 차에 집착한다'라고 할 때 말하는 집착이다. 다른 사람은 전혀 관심도 없는 사소한 차이에 집착하기도 한다. 이런 유형의 집착은 같은 행동을 반복하려는 것과는 달리 '사소한 것에 대한 집착'이나 '한정된 영역에 대한 강한 관심'이라 할 수 있다.

집착하는 것에는 이상하리만치 주의를 기울이면서 작은 변화에도 민감하게 반응하지만 그 외 다른 것에는 철저하게 무관심해서 눈길도 주지 않으려고 하는 것이 특징이다. 물론 이런 특징을 가진 사람들 덕분에 과학이나 학문이 진보하고 인류의 발전에 기여하는 점도 무시할 수 없다. 노벨상 수상자가 된 과학자들의 전기나 자서전을 보면, 대부분이 어린 시절부터 어떤 특정한 대상에 깊은 관심을 갖고 그것에 열중하면서 시간을 보내는 에피소드가 나온다.

화학 실험이나 전기회로, 천체관측과 아마추어 무선, 곤충이나 암석을 채취하는 일에 몰두한 사람도 있다. 노벨 화학상을 수상한 후쿠이 겐이치(福井謙一)는 어린 시절 곤충 채집에 열중했는데, 그 외에도 광물이나 우표, 성냥갑까지 수집하는 게 취미였다.

『털 없는 원숭이』로 세계적인 명성을 얻은, 동물행동학자 데즈먼드 모리스(Desmond Morris)는 어린 시절부터 살아 있는 생명을 키우는 데 푹 빠져서 집 안의 수조나 연못에는 도마뱀이나 개구리, 뱀 같은 것들이 우글거렸다. 그의 어머니는 파충류를 싫어해서 죽을 맛이었지만 그래도 아들의 취향을 방해하지 않으려고 하고 싶은 대로 하게 내버려두었다.

어른이 된 이후에도 어린 시절의 취미를 고스란히 지속하는 경우는 극히 드물지만 특정 대상에 모든 열정과 호기심을 집중한다는 점은 공통점인 듯하다.

이렇게 집착증이 긍정적으로 작동하는 면과 장애의 현상으로 발현되는 면을 어떻게 하면 구분할 수 있는지 모르겠다고 하는 사람도 있겠지만, 원래 이것은 구분할 수가 없다. 단점과 장점은 동전의 양면과 같기 때문이다.

또 집착증이 있다고 해서 꼭 자폐증이라고 할 수도 없다. 그저 그 사람의 개성일 수도 있다(앞에서 말한 조사에서 '특정 지식에 대한 지식이 풍부하다'고 답한 보호자의 비율은 약 20%나 된다).

## 전철 마니아인 청년의 경우

한 청년은 어린 시절부터 전철에 특별한 관심이 있었다. 그는 전철에 대한 책뿐 아니라 전철회사가 매월 발행하는 팸플릿이나 이벤트 책자를 있는 대로 수집했다. 더 나아가 전철에 대한 프로그램이나 뉴스를 확인해서 녹화한 후 그것을 DVD로 만들어 보관하기까지 했다. 이런 작업을 20년 가까이 계속한 결과, 방대한 양의 자료들이 자신의 방을 가득 채웠고, 급기야는 집이 아닌 다른 장소까지 빌려서 자료를 보관하기에 이르렀다. 자신이 왜 이렇게까지 하는지 한번쯤 고민해볼 만도 한데 그는 전혀 그러지 않았다. 그는 이제는 버릴 수도, 기록을 멈출 수도 없어서 계속 늘어나기만 하는 수집품들을 계속 보관하기 위해 막대한 시간과 비용을 쏟아붓고 있었다.

가족들이 몇 번인가 절반 정도로 양을 줄이고 정리 좀 하라고 충고할 때마다 그는 바로 안색이 변하면서 격렬하게 저항했다. 그 이후로 '정리'라는 말은 금지어가 되었고, 가족 중 그 누구도 말리지 못한 채 참고 있는 상황이다.

### 다한증인 남성의 경우

또 다른 한 남성은 사춘기 무렵부터 다른 사람들 앞에 서면 긴장하면서 땀이 쏟아지는 증세가 있어서 고민이었다.

그는 남들 앞에서 땀을 흘리는 게 싫어서 아예 사람들 앞에 나설 일을 만들지 않으려고 하는 바람에 결국에는 취직도 하지 않고 집에 틀어박혀 지냈다. 그런 그의 유일한 즐거움은 기계를 만지작거리는 것이었다. 어린 시절부터 기계 조작을 좋아했는데 고등학생 때는 여기저기에서 수집한 오토바이나 자동차의 부품들이 집 안 여기저기에 널려 있었다.

30대 중반이 되었을 때 그는 결단을 내린 후 심리치료를 받기 시작했고 그곳에서 긴장을 풀어주는 치료와 인지 행동 치료를 시작했다. 그러자 점차 다한증과 대인기피증은 약해졌고, 결국 자동차나 오토바이 동호회 같은 곳에 나가 활동도 할 수 있게 되었다.

그는 그 나이가 될 때까지 경제활동을 하지 않았기 때문에 늘 부모에게 구박을 당했는데, 사실 알고 보면 그 자신도 정말 일을 하고 싶어 했다. 그런데 막상 면접 날이 되면 도저히 몸이 따라주지 않았던 것이다.

그때 아는 사람으로부터 자동차 부품을 가공하는 일을 의뢰받았다. 섬세한 작업이 필요한 일이라 실력이 없는 사람에게는 맡길 수 없는 업무였다. 그는 망설였지만 꼭 도전해보라는 담당 의사의 권유도 있고 해서 용기를 내어 의뢰를 받아들였다.

그런데 그가 착실하게 일 처리를 잘해내자 또 다른 일거리가 들어왔고 그 이후로는 직장에 나가는 것보다 더 수입이 좋은 달도 생기기 시작했다. 아직까지는 아주 안정적인 수입이라고 할 수는 없지만, 자신의 취미로 돈벌이가 가능하다는 걸 몸소 체험한 이후 자신감을 회복하는 중이다.

## / 집착에서 빠져나오는 방법 /

고집증이나 집착증은 수치화하기가 힘들다. 뭔가 눈에 띄는 지표가 없을까 고민하는 중 내가 주목한 것은 발달검사로 조사할 수 있는 '언어 이해'와 '지각 추론'의 비율이다. 언어 이해가 높고, 그에 비해 지각 추론이 낮은 경향이 있으면, 자폐 스펙트럼 지수(AQ) 안에 포함된 '주의 교체'의 곤란 수치가 대체로 높다. 이 수치는 0.4 정도로 강력하게 연관이 있다고 말하기보다는 유의미한 수치라고 말할 수 있다.

'이지(理智)에 치우치면 모가 난다'는 나쓰메 소세키의 명

문장<sup>일본의 근대 소설가인 나쓰메 소세키夏目漱石의 초기 대표작 〈풀베개〉 서두에 나오는 문장-</sup>

옮긴이이 있는데, 이는 전체를 보지 못한 채 자기주장만 옳다고 우기는 사람은 올바른 판단을 내리지 못한다는 뜻이다.

집착이 심한 경우 거기에서 빠져나오려면 관념에서 벗어나는 게 중요하다. 생각을 멈추고 몸의 감각을 느낄 수 있는 활동을 하는 게 좋다. 또한 사소하거나 부분적인 문제에 집착하지 말고 전체적으로 조망하는 관점을 늘리는 게 좋은데 그러기 위해서는 시점을 바꿔보는 훈련을 하는 것이다.

지금 어떤 상황에 처해 있더라도 그 장소나 상황에서 조금씩 발을 뒤로 뺀 후, 5미터 위에서, 또는 하늘 위에서, 더 나아가 저 먼 다른 별에서 자신의 상황을 바라보는 상상을 해보는 것이다. 이렇게 멘탈라이제이션<sup>mentalization. 자신이나 타인의 마음 상태를 상상하고 예상하는 능력 - 옮긴이</sup>해보면 효과가 있다. 또 명상이나 마인드 풀니스도 강박관념에서 탈출하는 방법 중 하나이다. 우선 스스로가 강박관념에 사로잡혀 있다는 것을 자각하고 그것을 점차 개선해나가는 것이 인지 행동 치료인데, 이것이 중요하다.

그런데 비전문가가 이 과정을 진두지휘하는 것은 너무 위험하다. 자칫 잘못하면 사람을 궁지에 몰아넣어서 패닉 상태로 만드는 경우가 종종 있다. 차라리 그럴 바에야 자연의 섭리라고 받아들이면서 그냥 내버려두는 편이 낫다.

과민증과 강박증이 서로 연결되어 있을 때는 과민함을 완화시켜 주는 약이 도움이 될 수도 있다. 하지만 항불안제 같은 약물은 중독성이 있으므로 피하고 다른 약을 의사에서 처방받아 소량 사용하는 것이 좋다.


## / 상처가 마음속 깊이 뿌리내리는 현상, 고착 /

자폐증 진단 기준에는 없지만 강박증에는 사실 또 하나의 다른 유형이 있다. 그것은 '고착'이라는 현상이다. 고착은 뇌가 민감한 특별한 시기에 뭔가 강한 흥분이나 인상을 받으면서 생겨나는 집착 현상이다.

어머니에 대한 애착도 넓은 의미에서 보면 고착 현상이라고 볼 수 있다. 보통 임계기라고 불리는 유아기에 어머니의 보살핌을 받으면서 특별한 유대관계가 형성된다. 이와는 반대로 학대나 무시를 받은 경우에는 애착과 유대감이 형성되는 게 아니라 공포나 혐오, 인간에 대한 경계심, 거부 반응 등이 뿌리를 내린다.

고착 현상은 쾌감이나 기분 좋은 경험에서 생기기도 하지만, 공포나 욕구불만 같은 부정적인 경험이 쌓이면 각인되기도 한다. 비교적 가벼운 사건이 계속 일어나면서 생기는 복잡성 트라우마가 바로 여기에 해당된다.

이 중에서도 피하려고 해도 과거의 안 좋은 기억이 갑자기 떠오른다거나 하는 플래시백으로 고통받는 경우와 트라우마 상태가 지속되어 정신적 에너지가 쇠약해지는 경우가 있다. 전자가 일반적인 외상 후 스트레스 장애인데 애착 장애로 고통받고 있는 사람들은 후자의 패턴을 반복하는 경향이 있다. 이들은 마음속 깊은 곳에 애착 트라우마를 품고 있는데 이것이 일상 속에서 지속적으로 부정적인 영향을 미친다.

이런 고착 현상이 발달 단계에 깊게 관여하게 되면 '고착 유형'이 생겨난다.

이것은 어린 시절 충족되지 못했던 욕구에서 나온 결핍감이 평생을 따라다니는 현상이다. 이들의 특징은 지나친 인정 욕구, 자기 과시, 아무리 뭔가를 성취해도 채울 수 없는 결핍감, 다른 뭔가에 대한 동경 등이다.

쉽게 이야기하자면 보통 우리가 누군가에 대해서 "그 친구는 정말 고집이 세", "그 사람은 정말 왜 그렇게 인정받는 데 집착하는 거야?"라고 말할 때 바로 그 사람이 '고착 유형'이라 보면 된다.

트라우마에서 생겨난 고착이든, 어린 시절부터 축적된 결핍감에서 생겨난 고착이든 둘 다 과거에 일어난 일에 집착한다는 공통점이 있다. 과거의 안 좋은 경험이 자기 발목을 잡아 앞으로 나아가기 힘들게 방해한다.

## / 고집증의 두 가지 형태 /

또 고집증은 크게 두 가지 형태가 있다. 첫 번째는 같은 행동을 반복하면서 그 디테일한 부분에 집착하는 것이고 두 번째는 과거의 상처나 결핍에 집착하는 것이다. 전자를 동일성 집착, 후자를 외상성 집착이라 부르기도 한다.

유전이나 타고난 기질 때문인 경우에는 동일성 집착이 강한데, 생물학적 요인이 얼마나 큰 영향을 미치는지를 알아야 가늠할 수 있다. 한편, 외상성 집착의 경우에는 심리사회적 영향을 알아볼 수 있는 중요한 기준이다.

그레이존의 경우에도 여러 종류가 있다. 발달장애로 진단하는 경우에 비하면 동일성 집착이 가볍다. 그런데 외상성 집착의 경우에는 발달장애와는 상관없이(물론 발달장애가 있기 때문에 상처받은 경우가 있지만) 생길 수 있다.

외상성 집착이 있는 사람은 대인관계에서 쉽게 상처받고 사회에 적응하기도 쉽지 않은데 그렇다고 해서 장애라고 진단 내리기도 쉽지 않다. 어차피 그레이존에 해당하는 사람들이다. 물론 동일성 집착과 외상성 집착 양쪽 다 해당되는 경우에는 같은 상처에 더욱더 집착하게 된다.

외상성 집착이 있는 경우에는 그냥 방치하면 습성이 바뀌지 않기 때문에 인생 전반에 걸쳐서 계속 적응이 힘들고 사는 게 어렵다는 생각이 든다. 정도가 심하다면 정신과 의사나 심리치료사를 만나 상담 치료를 받는 게 좋다.

지속적인 학대나 지배, 집단 괴롭힘 등으로 생겨난 애착 트라우마는 보통 외상 후 스트레스 장애 치료에 자주 쓰이는 EMDR(안구 운동 민감소실 및 재처리 요법)로는 치료가 쉽지 않다. 자신만의 언어를 통해 심리적 안정감을 찾아가면서 지금까지 벌어진 사건들을 재통합하는 과정이 필요하다.

## / 하루 종일 전전긍긍하는 사람 /

발달장애의 증상 중 하나인 고집증은 어린 시절부터 시작되는데, 사춘기와 청년기 이후에 이것이 심각한 형태로 나타나면 강박성 장애(강박증)로 이어진다. 증세는 할 필요가 없는 행동을 하지 않으면 못 견뎌하거나 터무니없는 생각에 계속 사로잡히는 것이다. 이 증세가 심해서 뭔가를 처리하는 데 시간이 너무 오래 걸리고 생활이 힘들어지기 때문에 '강박성 완만'이라고도 부른다.

예를 들어 반복적으로 손을 씻거나 열쇠가 있는지, 가스 밸브를 잠갔는지 몇 번이고 확인하는 사람, 혹은 정해진 순서대로 뭔가를 하지 않으면 불안해하는 사람, 외출하고 집으로 돌아온 후 옷을 갈아입지 않으면 방으로 들어가지 못하는 사람 등등이 대표 케이스이다. 결벽증, 청결에 대한 강박증도 상당히 많다. 또 매사에 불안해하는 것도 자주 나타나는 증상이다.

갓난아기나 반려동물을 실수로 죽이지나 않을까, 차로 사람을 치지나 않을까 걱정하거나 잘못된 주소로 이메일을 보낸 게 아닐까 하고 전전긍긍하면서 다시 확인하는 사람, 중요한 서류를 실수로 버린 게 아닐까 싶어 몇 번이고 쓰레기통을 뒤지는 사람도 있다. 불결 공포증과 함께 남에게 해를 끼쳤을지 모른다는 공포증도 흔하다. 이 모든 것의 뿌리에는 불안, 공포가 있기 때문인데 확인 절차를 반복하면서 안정감을 느끼려 하는 것이다. 강박성 장애에는 인지 행동 치료와 SSRI(선택적세로토닌 재흡수억제제) 등을 사용하는 약물 요법이 효과적이다.

# / 3장 /
# 분위기 파악을 못하는 사람
외국어를 쓰는 것도 아닌데 왜 못 알아먹을까?

나는 왜 사는 게 힘들까?

## / 대화의 뉘앙스를 파악하지 못하는 사람 /

분위기 파악을 못하는 사람을 부르는 여러 속칭들이 있는데, 이는 발달장애에 대한 지식이 제법 널리 퍼져 있는 현실과 필연적인 관계가 있다. 분위기를 파악하지 못한다는 것은 비언어적 사인이나 주변 사람들의 기분을 잘 파악하지 못하는 것인데, 이는 의학적으로도 사회적 커뮤니케이션에 문제가 있다는 뜻이다.

그렇다면 사회적 커뮤니케이션 장애란 어떤 걸 말하는 걸까? 쉽게 말하면 언어와 비언어적 수단을 통해 대화의 뉘앙스를 파악하지 못하는 것이다. 그러다 보니 그 자리에 어울리는 대화를 나누면서 사람들과 원활하게 정보를 교환하지 못한다.

대표적인 것이 자폐증인데, 앞에서 말했듯이 사회적 커뮤니케이션 장애만으로는 자폐증이라고 진단하지는 않는다. 같은 행동을 반복하는 증세가 반드시 수반되어야 진단 내릴 수 있다. 그렇지 않은 경우에는 그레이존에 해당된다.

다만, 최근 들어서는 사회적 커뮤니케이션 장애도 독립된 신경발달장애의 하나로 여기는 추세이기 때문에 앞으로는 분위기 파악을 못하는 것만으로도 발달장애라고 진단받는 케이스가 늘어날지도 모른다.

성인의 경우에는 데이터가 없지만, 어린이의 경우 사회적 커뮤니케이션 장애가 전체의 8% 정도라는 통계가 있다. 자폐증의 유병률이 1% 내외인 것에 비하면 상당히 빈도가 높다고 할 수 있다.

# / 말귀를 못 알아듣는 건 개성인가, 장애인가 /

하지만 현시점에서는 '사회적 커뮤니케이션 장애'라는 진단 명은 그리 널리 보급되지 않았으므로 많은 경우 그레이존에 속한다고 할 수 있다. 또 의사가 발달장애로 진단할 때는 주로 자폐증을 의심하는 경우가 많다. 자폐증은 조기에 발견해서 치료에 들어가면 상태가 빨리 호전될 수 있다. 하지만 상태가 가벼운 경우에는 빨리 발견하기 쉽지 않아 청년기 이후에야 정확한 진단을 받는 경우도 많다.

다시 말해 어린 시절 사회적 커뮤니케이션 장애가 있어도 일부 기준에만 해당되는 경우에는 판단을 미루거나 그레이존이니 지켜보자고 말하는 경우가 많다는 것이다. 그런데 이렇게 몇 가지 증상에 해당되면 '장애'이고, 그중 하나의 증상에만 해당될 때는 '장애가 아니다'고 진단 내리는 것은 한계가 있다. 단 한 가지 증상만 가지고 있어도 심각한 경우가 있고, 그와 반대로 여러 증상에 해당되어도 경미한 경우가 있기 때문이다.

커뮤니케이션 장애가 있어도 장애로 진단하지 않는 또 다른 이유는 그런 경우가 너무 많았기 때문이다. 10%에 육박하는 사람이 여기 해당되었기 때문에 이것이 장애인지 아니면 그 사람의 개성인지 헷갈리기 때문이다.

또 단지 대화를 잘 못하는 것과 장애를 확실하게 구분하는 것도 어렵다. 게다가 성별의 문제도 있다. 물론 이 성차(性差)는 과거만큼 절대적이지는 않다. 그래도 남성 호르몬인 테스토스테론의 영향으로 기능적 차이만이 아닌 구조적 차이도 인정되어 그 관점에서 보면 남성이 여성보다 사회적 커뮤니케이션 능력이 떨어지는 경향을 보인다고 한다. 이는 장애라기보다는 개체의 특성이라 부를 수 있는 것이라 생존을 위협할 만큼 심각한 경우가 아니라면 장애로 진단 내리기가 쉽지 않다는 뜻이다.

## / '커뮤니케이션 장애'에 대한 오해 /

소통이 힘들고 사회성 없는 사람을 가리키는 말로 '커뮤니케이션 장애'라는 말이 유행하고 있다. 그런데 이 용어는 사실 정확한 표현이 아니며, 꽤 차별적인 뉘앙스마저 풍긴다. 원래 '커뮤니케이션 장애'란 언어적, 비언어적 의사소통에 장애가 있는 상태(단, 자폐증이나 다른 정신질환, 기질성 질환, 약물 등의 영향에 의한 경우는 제외한다)를 가리키는 용어로, 이 표현 안에는 말을 더듬거나 표현이 능숙하지 않은 언어 장애, 제대로 발음을 하지 못하는 말소리 장애 등이 포함된다. 그에 반해 흔히 우리가 쓰는 '커뮤니케이션 장애'는 '사회적 커뮤니케이션 장애'라 할 수 있다. 이런 용어가 유행처럼 번지는 건 이에 대해 잘 이해해서라기보다는 오히려 이들에 대한 냉소적인 시각 때문이다.

그런데 장애까지는 아닌 그레이존에 해당되는 사람들은 당황할 수밖에 없다. 커뮤니케이션 능력은 한 사회의 구성원으로 잘 지내기 위해서도 필요하지만, 인생을 함께 살아갈 동반자를 만나 가정을 꾸리기 위해서도 너무나 중요한 능력이다. 실제로 커뮤니케이션 능력은 욕구불만을 다스리는 능력이나 EQ(감성지수)보다 사회 적응능력 혹은 행복도와 밀접한 관계가 있다. 인내하며 자신을 컨트롤하는 능력보다 다른 사람의 표정을 파악하고 자신의 감정과 의도를 말뿐 아니라 표정, 행동으로 표현하는 능력이 세상을 살아가는 데 훨씬 더 중요하다는 뜻이다. 어쩌면 장애인지 아닌지보다 커뮤니케이션이 잘 되는지 안 되는지가 우리가 살아가는 데 더 중요하다는 걸 깊이 이해할 필요가 있다.


## / 커뮤니케이션 능력과
옥시토신의 상관관계 /

커뮤니케이션은 상호성이 가장 중요하다. 서로 주고받는 것
이 있어야 한다는 말이다. 이때 중요한 것이 언어적인 소통뿐
만 아니라 비언어적인 소통이다. 우리는 말로 표현할 수 없는
미묘한 뉘앙스를 표정이나 눈의 움직임, 몸짓, 목소리 톤 같
은 것으로 드러낸다. 이것을 정확하게 읽으면 상대방의 기분
과 의도를 알 수 있는 것이다. 이것은 언변이 뛰어난 것과는
별도의 능력이다. 말의 기교가 아무리 뛰어나도 언어 구사 능
력이 아무리 좋아도 커뮤니케이션 능력과 직결되는 건 아니
다. 말이 어눌해도 커뮤니케이션 능력이 뛰어난 사람이 있는
가 하면, 달변가인데도 커뮤니케이션 능력에는 심각한 결함
이 있는 사람도 있다. 이는 커뮤니케이션 능력이 사람들과 친
숙해지는 능력이기 때문이다. 바로 누군가를 따르고, 함께 뭔
가를 하려 하고, 같은 기분을 느낄 줄 아는 능력 말이다. 이 능

력에 장애가 있는 대표 케이스가 자폐증이다. 그리고 또 다른 하나가 바로 흔히 사이코패스라 불리는 반사회적 인격 장애다. 회피형 애착 스타일을 갖고 있는 경우에도 비교적 가볍긴 하지만 사람들과 어울리는 것을 별로 즐기지 않는다.

이 커뮤니케이션 능력은 애착 시스템과 관련이 깊다. 자폐증의 경우에는 유전적으로 애착 시스템이 작동하도록 도와주는 옥시토신 계열의 호르몬이 원활하게 분비되지 않는다는 연구 결과가 있기도 하다. 또한 임신 중에 조산을 막기 위해 옥시토신 수용체 길항약(拮抗藥, 효과를 감소시키기 위한 약물)을 투여받은 경우, 자폐증의 위험성이 올라간다는 보고서도 있다.

한편 반사회적 인격 장애는 유전적 요인과 함께 환경적 요인에도 크게 영향받는다. 또 최근 급증하고 있는 회피형 애착 스타일의 경우에는 환경적 요인이 가장 큰 원인이다. 더불어서 한 가지 더 이야기하자면 자폐증의 커뮤니케이션 장애와 그 외 일반적인 커뮤니케이션 장애는 똑같이 정의 내릴 수가 없다.

전자의 경우에는 대인관계에서 정서적으로 상호성이 결여된 케이스여서 공통의 화제로 대화하는 게 어려울 뿐만 아니라 상대방의 감정에 이입하거나 먼저 상대에게 다가가 관계를 맺는 것 자체가 힘든 경우도 포함돼 있다. 그에 비해 일반적인 커뮤니케이션 장애는 어디까지나 소통하는 능력, 즉 기술적인 장애다. 전자와 구별하기 위해 이것을 '용어론적인 커뮤니케이션 장애'라고 부르기도 한다. 말 그대로 실질적인 소통이 힘들다는 뜻이다.

자폐증은 아니지만 바로 이렇게 실질적인 소통이 어려운 사람들은 꽤 많다. 이들 중에는 겉으로 보기에는 멀쩡해 보이는 사람도 많다. 나름 사교적이면서 교류가 활발하고 친구들과도 잘 어울리는 것처럼 보인다. 그런데 왠지 모르게 언어 사용이 적절하지 못하고 대화에 숨어 있는 미묘한 뉘앙스를 못 알아듣고 본인 스스로도 그런 표현은 잘하지 못한다. 이런 케이스가 바로 그레이존에 해당되는 사람들이다.


/ 목소리가 너무 큰 사람 /


귀가 먹먹해질 정도로 큰소리로 떠드는 사람, 필요 이상으로 큰 목소리를 내서 대화하는 것 자체가 부담스러운 사람. 혹은 말투나 억양이 너무 단조롭거나 퉁명스러워서 대화를 나누고 나면 내 기분이 나빠지게 만드는 사람. 혹시 주변에 이런 사람이 있지 않은가? 물론 이런 특징들을 장애의 징후라고 여기는 경우는 별로 없다. 하지만 목소리 크기를 상황에 맞게 조절하거나, 상대방의 기분을 섬세하게 파악하면서 말투와 톤을 조절하는 능력은 사회성, 커뮤니케이션 능력과 매우 밀접한 관련이 있다.

낭독이나 가창 능력, 연극적인 표현 능력 등도 이와 관련이 깊다. 물론 기술적인 표현 능력과 실질적인 커뮤니케이션 능력 사이에 갭은 있다. 명배우나 명가수가 꼭 사회적 커뮤니케이션 능력이 좋다고 볼 수는 없기 때문이다. 하지만 상대방이 불쾌하게 느낄 정도로 너무 큰 소리로 떠들거나 감정이 전혀 들어가지 않은 채 무표정하고 무미건조한 말투로 대화를 하는 사람이 있다면 커뮤니케이션 능력에 문제가 많을 확률이 매우 높다고 할 수 있다.

## / 자폐증의 커뮤니케이션 장애란? /

한편 자폐증의 커뮤니케이션 장애는 아래의 세 가지 진단 기준이 있다.

### ① 상호적, 정서적인 관계 장애

대인관계는 원래 상호적이고 정서적인 것이다. 그런데 이 특징이 작동하지 않는다는 뜻이다. 이를테면 보통 사람들은 상대방이 처한 상황에 신경 써가며 적절한 때 그 사람에게 접근하고 말을 건넨다. 그러면서 상대방의 관심과 기분을 공유한다. 그런데 이것이 불가능한 사람들이 있다. 자신이 먼저 말을 걸지 못하거나 스몰토크를 어려워하기도 하지만 역으로 상대방의 상황이나 감정은 고려하지 않고 일방적으로 접근해서 말을 쏟아내는 경우도 많다.

장애로 의심할 만한 특징이 일반인의 경우에는 몇 % 정도의 사람들에게 나타나는지를 체크해보는 것도 여기에 해당하는지 그렇지 않은지를 판단해보는 데 도움이 된다. 앞에서 말한 조사(47쪽 참조)에 의하면, '상당히 소극적이고 다른 사람과 접촉하는 게 힘들다'에 해당한다고 대답한 중학생 보호자의 비율은 2.8%였다. 일반인의 경우 자폐증 유병률이 1% 내외이기 때문에 만약 이런 증세가 심하다면 자폐증으로 의심할 수 있다.

하지만 '약간 소극적이고 다른 사람과 접촉하는 것이 약간 힘들다'에는 30.3%의 보호자가 해당한다고 답했는데, 이때는 자녀들의 징후가 어떤지를 살펴봐야 한다.

또 '함께 놀 친구들이 없다'고 대답한 비율이 3.9%였는데 이 상태는 상호적, 정서적 능력에 장애가 있을 확률이 매우 높다고 봐야 한다.


### ② 비언어적 커뮤니케이션 장애

앞에서도 말했지만 사회적 커뮤니케이션에는 언어적 커뮤니케이션 못지않게 비언어적 커뮤니케이션 능력이 중요하다. 무표정하거나 상대의 눈을 잘 쳐다보지 못하거나, 몸짓이나 손짓, 목소리 억양 등이 부족한 것도 비언어적 커뮤니케이션이 부족하다는 것을 말해준다. 항상 표정이 굳어 있거나 감정을 드러내지 못하는 사람, 목소리가 퉁명스럽거나 말의 높낮이가 없어서 전달력이 부족한 사람, 심한 경우에는 상대방이 싫어하는 표정을 짓고 있는데도 눈치 없이 떠드는 사람 등등이 여기에 해당된다.

### 다른 사람과 눈을 마주치지 못한다

비언어적 커뮤니케이션 장애의 가장 큰 특징은 상대의 눈을 마주 보지 못한다는 점이다. 아이컨택을 못한다는 건 자폐증 진단 시에도 중요한 생물학적 표시(진단을 위한 객관적인 지표)다. 앞의 조사에 의하면 '이야기할 때 거의 눈을 마주치지 않는다'고 대답한 비율은 2.5%, 굳이 말하자면 그런 경향이 있다고 대답한 비율은 13.2%였다. 한편 '그 자리의 분위기나 상대방의 기분을 알아채는 게 힘들다'고 대답한 보호자의 비율은 6.8%였다. 분위기 파악을 못하는 것도 이 장애의 진단 기준 중 하나지만, 아이컨택을 하지 못하는 게 첫 번째 기준이라 할 수 있다.

### ③ 사회적 스킬 장애

사회적 스킬 장애는 그 자리에 어울리는 말과 행동을 잘하지 못하거나 상대방의 입장과 기분을 배려하며 이야기하는 게 불가능한 것을 말한다.

이를테면 아이의 경우에는 친구들과 사이좋게 지내거나

잘 노는, 어쩌면 당연하게 생각할 수 있는 행위들을 잘 못하는 것이다. 숨바꼭질 같은 기본적인 놀이도 자신만의 규칙에 얽매어서 친구들에게 맞추지 못하는 식이다. 또래 친구들과 노는 것보다 연하나 연상인 사람들과 노는 걸 더 선호하는 경향도 있다.

이런 아이가 약간 나이가 들면 대화에 잘 어울리는 화제 혹은 단어를 선택하는 걸 힘들어하거나 별거 아닌 상대의 말에 상처받기도 한다. 자신과 취향이나 취미가 같은 친구들 외의 사람들과 대화하는 걸 어색하게 생각하는 것도 특징이다. 상대방의 상황이나 기분을 고려하지 않고 들이대다가 미움을 받기도 하고, 말의 뉘앙스나 빈정거림을 눈치채지 못해 조롱당하는 경우도 있다. 이 사회적 스킬 장애에는 당연히 앞의 두 가지 상호적, 정서적인 관계 장애와 비언어적 커뮤니케이션 장애와도 연결되어 있다. 특히 여기서 문제가 되는 건 사회적 상상력 및 마음 이론theory of mind, 상대방의 입장에서 의도나 기분을 이해하는 능력, 발달심리학 용어로 마음이 어떻게 이루어져 있으며 마음과 행동이 어떻게 연관되어 있는지를 예측한 이론이다-옮긴이, 사회적 상식 등을 꼽을 수 있다. 앞의 조사에서 '일방적으로 떠들거나 엉뚱한 말과 행동을 하는 경우가 있다'에 해당한다고 답한 보호자의 비율은 3.7%로, 이것

역시 중요한 식별점이라 할 수 있다. 또, '농담이나 빈정거림을 진지하게 받아들이는 경향이 있다'에 해당한다고 답한 보호자의 비율은 5.7%였다. 이 점이 심하다면 사회적 커뮤니케이션 장애일 확률이 높다. 이미 눈치챈 독자도 있겠지만 사회적 스킬 장애는 고집증과 관련된 경우가 많다. 자신만의 규칙, 원칙을 고수하려는 성향이 대인관계를 불편하게 만드는 것이다. 고집증이 사회적 커뮤니케이션 장애까지 일으킬 정도라면 자폐증일 확률도 높아진다. 하지만 상호적, 정서적인 관계는 잘 유지하면서 비언어적 커뮤니케이션에 별문제가 없다면 그레이존에 해당된다. 앞장에서 나온 50대 남성 연구자 같은 케이스가 바로 여기에 해당된다. 그 사례를 통해서도 짐작할 수 있지만 이런 사람들은 사회에 적응하는 것을 몹시 힘들어한다.

이 세 가지 특징에 모두 해당될 때는 자폐증의 커뮤니케이션 장애라 할 수 있다. 세 가지 증세가 다 가벼워서 판단하기 힘들지라도 반드시 짚고 넘어가는 것이 좋다. 약간씩 모든 증세를 갖고 있다는 건 결코 우연이 아니고 사회적 커뮤니케이션에 문제가 있다는 걸 말해주는 방증이기 때문이다. 그렇다

하더라도 너무 가벼운 증세일 때는 그레이존일 경우도 있다. 또 일부 증상은 해당되는데 다른 증상은 전혀 없는 경우 등등 다양한 경우의 수 때문에 헷갈리는 케이스가 많다.

### 이야기는 재미있는데 공감 능력은 떨어지는 남자

J씨는 남편 M씨 때문에 고민이 많다. M씨는 대인관계에 적극적인 사람이다. 먼저 사람들에게 다가가 말을 걸고 이야기를 유도하는 데 거리낌이 없다. 얼핏 보기에 그는 그 누구보다 사회성이 뛰어나 보였다. 하지만 함께 있는 시간이 길어지자 점점 문제점이 보이기 시작했다. 남편은 자신이 알고 있는 지식이나 정보를 늘어놓으며 유쾌하게 떠드는 것은 잘했지만, 상대방의 이야기는 잘 들어주지 않았던 것이다. 물론 그의 이야기는 재미있고 듣고 있으면 즐거웠다. 하지만 자신이 이야기를 하면 별다른 대꾸가 없거나 관심을 보여주지 않았고, 다시 자신의 이야기로 화제를 돌리는 상황이 반복되었다.

그녀는 지난 1~2년 정도 마음이 답답하고 컨디션도 좋지 않은 날이 많아 정신과 진료를 받다가 카산드라 증후군(Cassandra syndrome)에 의한 심신증이라는 말을 들었다. 카산드라 증후군이란 배우자에게 자신의 기분을 투영할 수 없고, 공감을 얻지 못해서 서서히 스트레스와 욕구불만이 쌓이다가 심신의 부조화가 찾아오는 증세를 말하는데 최근 이런 증세로 고통을 겪는 사람들이 급증하고 있다. 배우자가 이를 알아채고 개선하기 위해 노력하지 않으면 이혼까지 고려하는 사람들도 적지 않다.

겉으로 보기에 남편 M씨는 사교적 유형으로 보이는데 어쩌다 이런 지경에까지 이르렀을까? 그런데 사실 따지고 보면 그의 적극적이고 사교적인 성격이 크게 부각되면서 상호적, 정서적인 커뮤니케이션이 부족하다는 점이 가려져 있었을 뿐이다. 상대와 교감하는 능력을 파악하려면 대화의 양이 아닌 질을 봐야만 한다. 기분 좋은 말을 캐치볼하듯 서로 주고받을 수 있는 사람인지, 아닌지 그것을 잘 관찰해야 한다.

예를 들어 "~은 어떤가요?"라고 물어보면 교감 능력이 있는 사람들은 상대가 묻는 바로 그 화제에 대해 본인도 이야기하면서 그에 대해 또 다른 질문을 던질 줄 안다.

> 그런데 교감하는 능력이 부족한 사람은 상대가 꺼낸 화제에 집중하지 못하고 어느샌가 자신의 화제로 바꿔서 대화가 독주회처럼 변질되는 경향이 있다.

## / 적당한 거리감을 조절할 줄 모른다 /

자폐증까지는 아니지만 스스로 불편하다고 느끼는 경우의 대부분은 상호적, 정서적 관계에도 문제가 없고 비언어적 커뮤니케이션 장애도 없지만 마지막 한 가지 사회적 스킬에 문제가 있는 사람들이다. 정말 힘든 일이 생기지 않는 한 결점이 쉽게 드러나지 않기 때문에 주변 사람들도 알아채지 못하는 경우가 많다. 살면서 뭔가 힘든 일이 생기거나 대화로 풀어나가야 할 상대가 생겼을 때, 비로소 이런 특징이 드러난다. 이야기를 끌어가는 방식이 어색하거나 적절한 화제를 찾지 못해 대화가 끊기기도 한다. 또 본인이 일 처리를 잘하지 못해서 상사나 동료에게 물어봐야 할 때도 제때 질문하지 못해서 일이 더 꼬이는 경우, 문의 전화에 적절한 언어로 대응하지 못해서 클레임으로 연결되는 경우 등등의 일들이 생길 수 있다.

사회적 스킬 장애는 회사에서 처리해야 하는 이메일이나 각종 문서, 비즈니스 레터 등에서도 드러난다. 이들은 형식적인 인사 외에 시의적절한 단어를 사용해서 친근감 있게 인사를 한다거나 상대의 상황을 배려하는 언어를 사용한다거나 하지 못한다. 그저 자신이 하고 싶은 말, 용건을 적는 것이 전부다. 존댓말 사용도 어딘지 모르게 어색하다. 지나치게 격식을 차리거나 혹은 정반대로 지나치게 무람없거나, 둘 중 하나인 경향이 있다. 더도 덜도 아닌 적당한 거리감을 유지하는 기술이 부족하기 때문에 상대방의 입장에서는 부담스러운 느낌이 든다.

그런데 이런 단점은 스킬이 부족해서 벌어진 것이기 때문에 훈련을 통해 나아질 수 있다. 특히 업무와 관련된 영역에서는 더욱 그렇다. 오히려 가족이나 친구 등 사적인 관계에서 개선하기가 힘들다. 자칫 잘못하면 너무 거리감 없이 솔직하게 지적을 하다가 치부를 건드릴 수도 있는데 그럴 경우에는 완전 결별하는 경우도 많다.

## / 커뮤니케이션 능력은 있지만
## 교제를 회피하는 사람 /

또 한 가지 그레이존에 해당되는 케이스는 회피형 유형이다. 이 유형은 커뮤니케이션 능력 자체에는 문제가 없는데 그냥 스스로 관계를 피한다. 만약 커뮤니케이션을 하더라도 자신의 마음을 드러내면서 진심으로 친밀한 감정을 느끼는 일이 드물기 때문에 표면적인 관계에서 더 이상 발전하지 못하는 케이스도 있다.

이들은 앞에서 말한 자폐증의 첫 번째 사회적 커뮤니케이션 장애 진단 기준인 상호적, 정서적 관계 장애와 관련이 깊다. 이 장애가 있는지 알아보는 방법은 친구가 있는지를 보는 것이다. 이들은 친구를 잘 사귀지 못하고 아예 마음을 터놓는 친구가 단 한 사람도 없는 경우도 많다. 그렇다고 해서 이들이 자폐는 아니다. 마음을 허락한 친구가 없어도 얼마든지 사회생활을 하면서 사람들과 일과 관련된 대화를 나누고 자연스럽게 행동할 수 있다. 하지만 타인과 감정을 나누는 능력이 결핍되어 있기 때문에 친해지기가 힘든 것이다. 그렇다면 도대체 왜 커뮤니케이션 능력이 있으면서도 사람들과 친해질 수 없는 걸까?

## / 다른 사람과 친해지지 못하는
## '비사회성 타입'과 '회피성 타입' /

사람들과 친해질 수 없는 이유에는 크게 두 가지가 있다. 하나는 비사회성 타입이고 다른 하나는 회피성 타입이다. 비사회성 타입은 인간관계보다 고독을 더 좋아하는데, 이는 타인과 교류하면서 기쁨을 느끼지 못하기 때문이 크다. 대표적인 유형이 바로 스키조이드 분열성 인격 장애. schizoid personality disorder – 옮긴이로, 이들은 원래 혼자 있는 것을 더 좋아한다. 이 유형과 비슷하면서도 약간 다른 것이 회피형 애착 스타일이다. 스키조이드는 자폐성 기질을 갖고 있고 유전적 요인도 강한 것에 비해 회피형 애착 스타일은 양육 환경 때문에 고착된 경우가 많다. 방치, 방임 상태에서 자라거나 그와 정반대로 과도한 집착 상태에서 자란 경우 모두 해당된다. 즉 이 유형은 자폐증의 그레이존이라기보다는 전혀 다른 종류의 유형이라고 봐야 한다. 회피형은 타인과 관계 맺기를 거부하고 애정을 원하지 않는 것으로 삶의 균형을 유지하려고 한다. 타인의 도움 없이도 본인 스스로 만족할 수 있기 때문에 고독하면서도 안정적이다. 누군가 이 유형과 관계 맺고 싶어서 접근한다고 해도 본인이 원하지 않으므로 엇갈리기 쉽다.

스키조이드는 감정이 메마른 경우가 많아 타인에게 무관심하거나 차가운 사람들이지만, 회피형 애착 스타일은 그렇지 않다. 오히려 막상 타인과 있을 때는 사교적인 사람으로 보이는 경우도 있다. 하지만 사귀기 시작하면 좀처럼 거리가 좁혀지지 않고, 본격적으로 관계를 맺는다고 해도 단숨에 친해지는 경우는 거의 드물다. 이들은 결혼을 하거나 아이를 낳는 일에도 소극적이다. 기본적으로 누구에게도 얽매이지 않는, 자기만의 생활 방식을 좋아한다. 이성을 오로지 성적 욕구를 충족시켜 주는 도구로만 보는 경우와, 성적 욕구 자체가 별로 없는 경우로 나눌 수 있는데 후자의 경우에는 결혼을 하더라도 섹스리스로 지내는 경우가 많다.

또 하나 회피형 인간 유형(회피형 애착 스타일과는 다르므로 주의할 것)이 있는데 이들은 속으로는 친밀한 관계를 원하면서도 조롱당하거나 거절당할 게 두려워서 먼저 행동에 나서지 못하는 타입이다. 정확하게 표현하면 이들이 바로 회피성 인격 장애에 해당되는 사람들이다. 이들의 경우에는 친밀한 관계가 되기까지 과정이 힘겹긴 하지만 일단 관계의 벽을 뚫고 친밀해지고 나면 의존하는 경우도 많다. 회피성 인격 장애의 경우 애착 스타일이 회피형이 아니라 공포·회피형인 경우가 많은 것도 특징이다.

## / 전 세계적으로 급증하고 있는 '회피형 애착 스타일'이란? /

유럽의 어느 연구에서는 젊은 성인의 30%가 회피형 애착 스타일에 해당된다고 보고한 바 있는데 이 비율은 점점 증가하는 추세다. 일본에서도 30% 정도의 대학생이 회피형 애착 스타일에 해당한다는 통계가 나와 있는데 이 비율도 앞으로 계속 늘어날 것이다. 회피형 애착 스타일을 자폐증으로 오해하는 경우도 많다. 최근 자폐증이 늘어난 것도 이 둘을 오해해서 잘못 진단했기 때문일 수도 있다.

회피형 애착 스타일은 어린 시절 양육자의 적절한 관심만 있어도 예방할 수 있다. 가능한 한 아이의 요구에 적극적으로 반응해주기만 해도 안정형 애착 스타일을 가질 수 있다.

성인이 된 이후에도 완전히 다른 유형으로 탈바꿈하기는 힘들지만 개선이 불가능한 것은 아니다. 자신의 말에 공감해주고 응답해주는 사람을 만나면 많이 달라질 수 있다. 묻는 말에 답해주고, 관심 가져주는 경험을 풍부하게 하는 과정에서 애착 스타일은 서서히 변할 수 있다. 전문 심리치료사를 통해서 트레이닝 프로그램을 들어도 좋다.

다만, 또 한 가지 회피형 애착 스타일을 해석하는 관점이 있는데 그것은 점점 더 냉정하게 변해가는 자본주의 세계에 순응하기 위한 결과라는 것이다. 이런 관점에서 보면 어쩔 수 없는 것이 아닌가 하는 생각도 든다. 또 스스로 별로 힘들지 않아서 개선에 대한 필요성을 못 느낄 수도 있다. 회피형 애착 스타일 중에는 이런 사람들도 꽤 많다. 이런 경우에는 그 사람 자신보다 그를 좋아하는 연인이나 배우자가 훨씬 더 큰 고통을 느낀다.

# 4장

# 상상력이 없는 사람

IQ보다 더 중요한 지각 추론 능력

나 는 왜 사 는 게 힘 들 까 ?

## / 지각 추론 능력 – 이미지로 생각하는 능력 /

앞서 이야기했지만 웩슬러식 지능검사를 받으면 IQ뿐만 아니라 언어 이해, 지각 추론, 작업 기억, 처리 속도라는 네 가지 능력 지수를 알 수 있다. 이 중에서 언어가 아닌 시각 정보만을 다루는 능력의 지표인 지각 추론은 도형이나 지도를 이해하고, 퍼즐을 맞추며, 규칙성을 발견하는 능력과 관련이 있다. 단순히 시공간적인 정보를 처리하는 능력이 아니라, 시각적인 정보와 의미를 결부시키는 능력, 상징과 패턴에서 의미와 규칙성을 알아내는 능력이다. 더 나아가 눈앞에 없는 것을 이미지화, 도식화하고, 그에 따라 추론할 줄 아는 능력이기도 하다. 이를테면 물리적인 현상이나 복잡한 수학 문제를 그림으로 나타냄으로써 이해와 해답을 도출해내는 능력과도 밀접하게 관련돼 있다. 수식과 도형이 결합된 개념인 함수와 미적분 같은 고도의 숫자를 이해하는 데도 꼭 필요한 능력이다.

이 중 가장 대표적인 것이 이론물리학인데 이 학문은 아직 실험으로 증명되지 않은 현상을 상상력이라는 도구를 사용해서 이론적으로 만들어낸다는 특징을 갖고 있다. 상대성 이론이 바로 이 스펙트럼에 속한다. 이를 주창한 아인슈타인이 천재로 추앙받는 것은 20세기가 얼마나 지각 추론 능력을 중시하는 시대였는지를 잘 보여준다. 이 점은 21세기 들어서도 더욱 강력해지는 추세다.


## / 상상력은 커뮤니케이션에도
  영향을 미친다 /

지각 추론 능력이 낮으면 도형을 구분하거나 사물을 물리적으로 바라보는 것이 힘들 수 있지만 단지 이것만이 문제가 아니다. 이 능력은 실제 우리 삶에서 어떤 사건이 벌어졌을 때 그 속에 담겨 있는 암묵적인 의미를 알아차리기 위해서도 중요한 능력이다. 지각 추론 능력이 낮으면 대화 속에 숨어 있는 의도나 뉘앙스, 메타포 등에 대해서도 재빨리 상황 판단을 내리기 힘들다. 또 의외로 듣기 능력과도 관련이 있다. 작업 기억이나 언어 이해 지수가 평균보다 높은데도 듣기나 독해 능력이 떨어지는 사람이 생각보다 많은데 대개 이들은 지각 추론 능력이 낮다.

지각 추론은 시각적으로 상대방이 보내는 신호를 알아채는 능력이기도 하다. 지각 추론이 약하면 상대방의 몸짓이나 손짓 같은 보디랭귀지를 파악하지 못한다. 예를 들어 "그거 저기 놔줘요"라고 지시했을 때 단지 이 말만 들으면 무엇을 어디에 놓으라는 것인지 알 수가 없다. 이때는 상대방이 보내는 몸의 신호(눈의 움직임, 손짓, 턱짓 등등)를 통해 의도를 알아채야만 하는데 지각 추론이 약하면 그것을 놓치고 마는 것이다. 약간 더 복잡하거나 깊은 내용이라면 상대방이 나에게 뭘 전하려 하는지를 상상하는 능력, 추론하는 능력이 중요하다.

'아버지는 술을 좋아해 빚만 잔뜩 진 쓰레기 같은 사람이었다고, 딸이 사위에게 말하는 것을 나는 듣고 말았다'라는 문장을 이해하려면 '나＝딸의 아버지 혹은 어머니'라는 것을 추론할 줄 알아야 한다. 그러기 위해서는 단순히 언어 능력이 좋은 게 아니라 상황을 도식화, 이미지화하는 능력이 있어야 한다. 그것이 바로 지각 추론 능력이다. 이것이 약하면 눈앞에서 벌어지는 상황이 어떤 뜻인지 이해할 수 없기 때문에 듣기 능력도 약해질 수밖에 없다.

## / 상황을 객관화하거나 전체적으로 보지 못한다 /

이렇게 지각 추론 능력은 상황을 도식화하는 능력이기 때문에 사물이나 사건의 이면에 있는 구조와 관계를 파악하는 능력과도 직결된다. 따라서 지각 추론 능력이 약하면 하나하나 사소한 사실에 사로잡혀 전체적인 구도를 보지 못한다. 자기만의 시점에 매몰되어 객관적인 상황을 한눈에 내려다보는 게 어려운 것이다. 실제로 대인관계가 힘들어서 심리치료실을 찾아오는 사람들을 보면 다른 능력에 비해 지각 추론 능력이 낮은 경우가 상당히 많다.

진찰이나 상담 치료를 받을 때도 지각 추론이 약한 사람은 자신의 불만과 한탄만 늘어놓을 뿐 그 배경에 들어 있는 문제에 대해서는 파악하지 못한다. 이 능력은 처리 속도 다음으로 사회 적응을 좌우하는 결정적 역할을 한다.

## / 지각 추론에 문제가 있는 대표적인 두 가지 케이스 /

지각 추론 능력이 낮은 경우에도 문제 표출 방식에 따라 크게 두 가지 유형으로 나뉜다. 하나는 지각 추론뿐 아니라 공감 능력까지 낮은 경우이고, 또 다른 하나는 지각 추론은 낮지만 공감 능력에는 문제가 없는 경우다. 전자의 대표적인 것이 자폐증이다. 이들은 도형이나 고도 수학, 물리와 공작이 힘들 뿐만 아니라 상황 판단이나 분위기 파악을 잘하지 못한다.

한편 후자의 경우에는 도형이나 지도, 공작을 힘들어해서, 종이 접는 방법이나 가구 조립 설명서 혹은 도면을 봐도 잘 이해하지 못한다. 상황을 너무 감정적으로 파악해서 객관화에 실패하긴 해도 표정으로 분위기를 파악하는 데는 문제가 없다. E타입(공감 타입)이라고 불리는 유형이라 할 수 있을 것이다.

지각 추론뿐 아니라 공감 능력까지 낮은 경우가 앞 장에서 계속 이야기했던 아스퍼거 타입의 자폐증인데 이들은 언어, 기억 타입이다. 또 뒤에 다시 나오겠지만 이 타입 중에서는 지각 추론이 뛰어난 사람도 있다. 물론 예민하고 늘 긴장하며 자폐적인 성향이 강한 사람들이 많긴 하지만 경우에 따라 여러 유형이 있다. 자신이 갖고 있는 지식을 활용해서 뛰어난 언변으로 사람들의 마음을 사로잡는 사교적 유형이 있는가 하면 분위기 파악을 잘 못하고 일방적으로 다가가다가 관계에 어려움을 겪는 유형도 있다.

### 프란츠 카프카의 경우

『변신』의 작가 프란츠 카프카는 학창 시절, 거의 말이 없고 존재감 없는 학생이었다. 동급생들은 늘 자기들과 멀리 떨어진 곳에 있던 카프카를 회상하며, '유리벽 너머에 있는 사람 같았어요'라고 표현했다.

대학을 졸업한 카프카는 맨 처음 보험회사에 취직했

으나 적응하지 못해 곧바로 전직을 고민하다가 노동자 상해보험협회에서 일하게 되었다. 자극이 없는 지루한 직장이었지만 작가를 목표로 하던 카프카에게는 오히려 안성맞춤이었다. 주어진 업무만 반복하면 되었기 때문에 나머지 에너지를 창작 활동에 쏟아부을 수 있었던 것이다.

전해지는 여러 에피소드들은 카프카가 내성적이고, 루틴이 있는 일을 좋아하며, 자폐 성향이 있었다고 추측하게 만든다. 어학은 잘했지만 수학을 못한 걸로 봐서는 언어력과 기억력이 강한 타입이었던 것 같다. 보험협회의 서기관 일은 그런 그에게 딱 맞는 일이었다 할 수 있다.

카프카가 작가로 성공한 것은 그가 결핵으로 사망한 후에 일어난 일이다. 친구였던 막스 브로트가 그의 작품을 세상에 알리려고 노력한 덕분이었다. 그에게는 자신을 이해해주는 단 한 사람, 깊은 유대감을 나눈 친구가 있었던 것이다.

F씨는 진지한 노력가로 학창 시절엔 늘 성적이 우수했다. 그는 국립대학의 경제학부에 진학한 전도유망한 젊은이였다. 그런데 졸업 이후 생각지도 못한 어려움을 겪었다. 지망하는 대기업들마다 족족 떨어지고 말았던 것이다.

원인이 뭘까 찬찬히 생각해본 그는 아무래도 취직할 때 봤던 적성검사 SPI의 비언어 분야에서 대응을 잘하지 못한 게 마음에 걸렸다. 그 이후 겨우 중소기업의 영업사원으로 취직했지만 마초적 분위기에 적응하지 못하고 왕따당하는 게 싫어서 반년 만에 그만두고 말았다. 그러고 나서도 두세 군데 더 취직 자리를 알아봤지만 실패를 거듭한 그는 혹시 자신이 발달장애가 아닐까 싶어서 상담을 받으러 왔다. 검사 결과, F씨는 전체적으로 우수했음에도 지각 추론 능력은 평균을 밑돌았다. 기업들이 사람을 채용할 때 쓰는 적성검사인 SPI는 단순한 지식이나 공식만으로는 풀 수 없는 문제도 포함돼 있기 때문에 F씨가 왜 힘들어했는지 충분히 알 수 있었다. 이런 종류의 테스트는 학교에서 실시하는 시험 문제와는 달리 사고력 측정이 목적이다. IQ 테스트 같은 지능검사와 비슷하다. SPI의 경우 학력 검사의 성격도 있어서 학력 검사와 지능검사의 중간쯤이라고 생각할 수 있다.

　F씨가 SPI 검사의 비언어 영역을 힘들어한 것은 추론이나 순발력과도 관계 있는 지각 추론 능력이 약하기 때문인 것으로 보인다. 그 후 F씨는 주택관리 자격증과 부기 자격증을 땄고 빌딩을 관리하는 회사에 취직했다. 건물 관리나 회계 일은 월 단위로 같은 업무를 반복하고, 매년 결산 달에 하는 일도 똑같다. 추론 능력이나 순발력이 약해도 경험과 반복에 의해 업무 처리 능력은 차근차근 좋아질 수밖에 없다. 갑작스럽고 즉흥적인 상황에 임기응변으로 대처하는 것은 힘들지 모르지만 특정 분야에 지식과 경험을 쌓고 관련된 상황에 맞는 대응법을 익힌다면 점차 주변 사람들에게 신뢰받는 존재가 될 수 있다. 그래서 F씨도 순발력은 약했지만 차곡차곡 지식과 경험을 쌓아가면서 그 부족함을 채울 수 있었던 것이다.

40대 여성 I씨는 헤어디자이너로 일하고 있다. 본가가
미용실을 운영했기 때문에 20대부터 이 일을 하게 되었
지만 요즘 들어 이 일이 자신에게 맞는지 회의감이 들
었다.

그 첫 번째 이유는 기술적인 문제였는데 이미 숙련되
고도 남을 경력이었음에도 그녀는 자신 있게 스스로를
베테랑이라고 부르지 못했다.

두 번째 이유는 손님과의 커뮤니케이션이 힘들다는
점이었다. 젊었을 때는 손님들도 대충 이해하고 넘어가
주었지만 나이가 들면서 점점 손님들이 떨어져나갔던
것이다. 그러자 그녀는 이렇게 사회에 적응하지 못하고
사람들과도 잘 지내지 못하는 게 자신이 발달장애가 있
어서 그런 게 아닌가 싶어서 병원을 찾아왔다.

그녀를 조사해보니, 언어 이해와 처리 속도는 평균 이
상이었지만 지각 추론 능력이 낮고 작업 기억도 좋지 않
았다. 그래도 일상적인 커뮤니케이션에는 지장이 없었

고 동일한 행동 패턴에 집착하는 경향도 그리 두드러진 편은 아니라서 그레이존으로 판단했다. 물론 사람과의 관계에서 필요한 세련된 커뮤니케이션 스킬은 부족했다. 또 고객들이 원하는 디테일한 요구에도 어딘가 미숙하게 대처하는 면이 강한 것으로 보였다.

결론적으로 보면 그녀는 직업 선택을 잘못한 것이다. 가업을 잇겠다고 생각한 것 자체가 실수였다. 물론 이런 경우에도 본인의 노력 여하에 따라 핸디캡을 극복할 수도 있지만 실패가 반복되는 과정에서 자신감을 잃게 되면 악순환에 빠지는 경우가 더 많다. 결국 그녀는 장기요양 시설에 입소한 노인들의 머리를 다듬어주는 일로 업무를 전환했다. 이 일로 바꾸자 미용실을 운영했을 때보다 손님들의 요구사항이 그렇게 까다롭지 않아서, 그녀의 마음이 훨씬 더 가벼워졌다.

## / 지도나 도형 보는 게 힘든 언어, 청각 타입 /

지각 추론은 낮지만 공감 능력이나 커뮤니케이션에는 문제가 없는 케이스도 있다. 이 타입은 거꾸로 말하면, 언어 이해나 청각 관련 작업 기억이 뛰어나므로 언어, 청각 타입이라고도 부른다. 수학이나 물리, 도형이나 지도 보는 것을 힘들어하고, 상황을 논리적으로 재구성하는 것도 잘하지 못한다. 문과 성향이라 말해도 좋을지 모르겠다.

비슷한 타입으로 앞서 언급한 언어, 기억 타입이 있다. 이 타입은 지식이 풍부하고 관심 분야에 대해 이야기하는 걸 즐기지만 공감하는 커뮤니케이션에는 매우 약하다.

지식이 많고 어휘력이 풍부해 이론적인 이야기는 잘하지만 순간적인 상황 판단이나 실행력은 약해서 아이디어가 있어도 탁상공론으로 끝나고 만다. 그 반면에 언어, 청각 타입은 지도나 도형을 보는 것은 힘들어하지만 언어나 커뮤니케이션 능력은 뛰어나다. 이 능력은 여성들이 훨씬 더 뛰어나기 때문에 '여성 뇌'라고 부르는 경우도 있다.

태아일 때 남성 호르몬인 테스토스테론을 흠뻑 받으며 자랐는지 그렇지 않은지에 따라 뇌의 발달은 크게 차이가 난다.

여성 뇌는 공감이나 커뮤니케이션이 장기인 데 비해 남성 뇌는 상황을 시스템적으로 생각하는 일이나 시각 · 공간적 인지 능력이 뛰어난 경향이 있다. 하지만 실제로는 남녀 구분 없이, 여성 중에서도 공감보다 추상적인 사고를 더 잘하는 사람이 있는가 하면 남성 중에서도 언어, 청각 쪽이 더 발달한 사람도 있다. 이것은 유전적 요인 때문이기도 하고 태아 때 어머니가 얼마나 스트레스를 받았느냐에 따라서도 좌우된다. 스트레스가 높을수록 테스토스테론 분비가 많아지기 때문이다. 한 연구에 의하면 남성과의 경쟁을 강요받는 환경에서 자란 여성의 경우 테스토스테론에 크게 영향받는다고 한다. 이것은 어머니의 환경이나 조건에 따라 남자아이인데도 여성 뇌를 가질 수도 있고, 그 반대일 수도 있다는 것을 말해준다.

지각 추론 능력도 남성과 여성이라는 생물학적 분류만으로 크게 차이가 난다는 근거는 존재하지 않는다. 즉 남성이든 여성이든 지각 추론 능력이 뛰어난 사람과 약한 사람이 똑같은 비율로 존재한다는 말이다. 일반적으로 남성은 공감 능력이 약하고 여성은 지도나 도형을 관찰하는 능력이 약하다고들 하는데 이런 관념 자체가 고정관념일지도 모른다.

## / 지각 추론을 단련하려면? /

지각 추론을 단련하기 위해서는 어린 시절부터 블록 장난감이나 퍼즐과 친하게 지내는 것이 효과적이다. 장기나 오셀로 게임, 보드게임, 퍼즐도 지각 추론 능력을 활용하는 놀이이다.

수학을 잘하는 사람의 이야기를 들어보면, 퍼즐 같은 놀이나 장기에 열중했다는 사람들이 많다. 닭이 먼저인지 달걀이 먼저인지는 알 수 없지만 장기나 퍼즐을 좋아하는 아이들은 대개 수학을 잘한다. 타고난 재능도 있겠지만 연습을 거듭하는 동안 장기도, 수학 실력도 더욱 좋아졌을 것이다.

장기나 바둑은 지각 추론 능력을 대결하는 게임이라 해도 과언이 아니다. 상대의 수를 읽고, 그에 대처할 방법을 머릿속에서 떠올리는 것이다. 묘수풀이를 하는 것도 지각 추론을 단련하는 데 적합하다.

수학자인 오카 기요시岡潔, 1901~1978, 다변수 복소 해석학 분야에서 업적을 남긴 일본의 수학자 - 옮긴이는 어린 시절 상자 정원 놀이에 열중했다고 한다. 전 세계가 모형으로 들어 있는 큰 상자를 갖고 노는 거였는데 이 놀이가 지각 추론 능력을 키워줬다고 보인다. 내 주변에는 도쿄대에서 물리를 전공한 후 도쿄대 의학부에 다시 들어가 의사가 된 친구가 있는데 그는 어린 시절 철도 노선도만 그리며 놀았다고 한다. 그처럼 좋아하는 놀이를 하면서 지각 추론을 단련하는 것도 좋을 것이다. 또 어떤 이야기를 듣고 그것을 도식화하는 작업을 훈련처럼 하는 것도 지각 추론을 키울 수 있다. 사실 이런 훈련은 정말 좋은데도 학교에서 해주지 않는다.

최근 도쿄 대학생의 노트가 화제가 되는 걸 보면 역시 우수한 학생일수록 강의를 들으면서 노트 필기하는 능력이 뛰어난 것 같다. 나의 경우에는 대학 시절 수업에 전혀 나가지 않았기 때문에 우등생이 정리해놓은 노트를 빌려 본 처지였다. 노트 필기 능력을 키울 기회조차 없었던 것인데 지금 생각하면 정말 한심했던 것 같다. 그 시절 강의를 들으면서 그걸 시각화하는 훈련을 좀 더 했더라면 지금보다 훨씬 치밀한 사고를 하고 상대방의 이야기를 더 정확하게 알아듣지 않았을까 하는 생각이 든다.

# / 5장 /
# 공감 능력이 떨어지는 사람
### 옳고 그름을 중시하는 S타입의 뇌 구조

나 는 왜 사 는 게 힘 들 까 ?

## / 지각 추론이 강한 사람들 /

지금까지는 지각 추론 능력이 약한 사람들을 살펴봤는데 세상에는 이와는 정반대로 이 능력이 탁월한 사람들도 있다. 상황을 도식화하고 분석하는 능력, 상황을 판단하고 미래를 예측하는 능력 즉 손해를 피하고 자신에게 유리한 선택을 하는 능력, 상황을 객관적으로 판단하고 냉정하게 바라볼 줄 아는 능력이 바로 여기에 해당된다. 수학이나 물리 능력과 관련 있지만 의외로 철학자나 문학가 중에도 이 능력이 탁월한 사람들이 있다. 영국 작가로 『아들과 연인』 등의 걸작을 남긴 D.

H. 로렌스<sup>David Herbert Lawrence. 1885~1930 – 옮긴이</sup>는 가난한 노동자 계급 출신이었기 때문에 장학금을 받으며 고등학교에 진학했지만, 그가 그곳에서 우수상을 받은 것은 국어(영어)가 아닌 수학이었다. 로렌스의 문장은 세밀한 회화처럼 자연 묘사도 탁월했는데 그 우수한 묘사력은 그의 상상력과 무관한 게 아니었을 것이다.

작가 아베 고보<sup>安部公房. 1924~. 「모래의 여자」 등으로 유명한 일본의 소설가–옮긴이</sup>는 중학교, 고등학교 시절 수학을 제일 잘했으며, 도스토옙스키를 애독하면서도 다카기 데이지<sup>高木貞治. 1875~1960. 일본의 수학자–옮긴이</sup>의 『해석개론』을 탐독했다고 한다. 그는 에드문트 후설<sup>Edmund Husserl. 1859~1938. 독일의 관념론 철학자–옮긴이</sup>의 현상학에도 깊이 빠져 그의 문학에는 이에 영향받은 흔적이 보인다. 그가 의대에서 공부했음에도 의사가 되지 않고 소설가의 길을 택한 것은 그의 관심사가 인간 자체보다 좀 더 추상적인 개념 혹은 인간 너머에 있는 구조적 토대였기 때문이 아닐까 싶다. 이렇듯 지각 추론 능력이 뛰어나면 객관화와 도식화하는 능력이 있기 때문에 복잡한 현실에도 현명하고 냉정하게 대처할 수 있는 힘을 가질 수 있다. 물론 모든 일은 지나치면 반드시 폐해가 있기 마련이라 이 능력이 너무 뛰어나면 그에 따른 단점도 생긴다. 객관화하는 능력이 지나쳐 사소하거나 감정적인 일에 공감하는 능력이 부족하다는 점이 바로 그것이다. 이들은 '어차피 모두가 타인이다', '본인 일은 본인이 감당해야 한다'는 냉정한 태도로 빈축을 사기도 한다.

## / 구조 파악이냐, 공감이냐,
  S타입과 E타입 /

지각 추론은 패턴이나 규칙성을 파악해 추리하거나 새로운 것을 구성하는 능력과 관련이 깊다. 지도를 읽는 경우도 단순히 시각적인 인지 능력이라기보다 시각 정보가 나타내는 의미를 읽는 능력이라 할 수 있다.

더 나아가 상황의 이면에 들어 있는 구조를 간파해서 그를 통해 눈앞에서는 보이지 않는 현상을 추측해낼 수 있다. 즉 어떤 현상이든 그 시스템부터 이해하는 능력이라고도 할 수 있다.

자폐증 연구의 세계적 권위자 중 한 명인 배런 코언<sup>Simon Baron-Cohen, 1958~, 영국의 발달심리학자 - 옮긴이</sup>은 인간의 뇌에는 공감

(empathy) 능력이 뛰어난 E타입과 시스템(system) 사고가 우수한 S타입이 있는데 자폐증은 극단적인 S타입으로 공감 능력이 극히 떨어진다고 봤다. 그에 의하면 이는 규칙이나 동일성에 대해 집착이 있고 시스템적으로 사고하는 것을 좋아하기 때문이라고 한다. 이런 특징은 그레이존뿐 아니라 정신이 건강한 사람 중에서도 S타입에 속한 사람들의 중요한 특징이라 할 수 있다.

## 제프 베이조스의 경우

아마존의 창업자인 제프 베이조스 Jeff Bezos, 1964~, 미국의 사업가 – 옮긴이는 현재 세계 최고의 억만장자지만 그의 성장 과정은 파란만장했다. 그의 친아버지는 서커스 단원으로, 외바퀴 자전거 타기가 장기였다. 그가 고등학생 시절 열여섯 살 후배 여성과 사귀면서 베이조스가 태어나게 되었다.

하지만 친아버지의 직업은 불안정했고, 어머니 역시 가정을 꾸리기에는 너무 어렸기에 두 사람은 2년 만에 이혼했다. 그 후 어머니가 다른 남성과 재혼하면서 베이조스는 그의 양자로 자라게 된다. 양아버지는 쿠바에서 온 정치 난민이었지만 장학금과 아르바이트로 대학을 졸업하고 대형 석유회사에서 일하던 사람이었다. 친아버지와의 연락은 재혼 이후 끊기고 말았다.

그는 뭔가에 열중하면 다른 일은 눈에 들어오지 않는 성향이 강했는데 유치원생 시절부터 그랬다는 일화가 전해진다. 한번은 아이들이 공원의 연못에서 보트를 타는 행사를 했는데 대부분의 아이들은 자신의 어머니 쪽을 보며 손을 흔들었지만, 베이조스만은 예외적으로 보트의 작동 원리와 구조를 파악하는 데 정신이 팔려 어머니는 단 한 번도 쳐다보지 않았다는 것이다. 그는 이 시절부터 뭔가에 집중하면 미동도 하지 않은 채 그 일에만 열중했기 때문에 유치원 선생님들은 의자째 그를 옮겼다고 한다. 그런 그는 우주비행사와 발명가를 꿈꾸는 기계광 소년으로 성장했다.

지각 추론 능력이 뛰어난 대신 공감 능력이 낮은 그의 일화가 있다. 소년 베이조스는 언젠가 할머니를 울린 적이 있었다. 흡연 때문에 사망률이 상승했다고 경고하는 공공포스터를 본 그는 거기 씌어 있는 대로 계산한 후 계속 흡연을 한다면 수명이 9년 단축될 거라고 할머니에게 그대로 말했던 것이다. 그 말을 듣고 할머니는 울음을 터뜨렸는데 그도 무리는 아니었다. 할머니는 이미 폐암에 걸려 몇 년 동안이나 투병 중이었던 것이다. 숫자 계산법은 정확했을지 모르지만 그는 할머니의 마음은 헤아리지 못했다. 이런 그에게 할아버지는 이렇게 말했다고 한다.

"제프, 똑똑한 것보다 친절한 것이 훨씬 더 어려운 일이라는 걸 언젠가 너도 알게 될 거야."

그는 고등학생 시절 과학부와 체스부에서 활동하면서 온갖 상을 휩쓸었다. 지는 걸 싫어했던 베이조스는 졸업생 대표가 되기 위해 수석이 되겠다고 공언했는데 실제로 이를 실행했다. 이후 프린스턴 대학에 진학해서 전기공학과 컴퓨터공학으로 학위를 취득했고 졸업 후에는 주식 투자의 세계로 뛰어들었다. 수학과 컴퓨터를 이용한 금융공학 기법으로 월스트리트를 석권하는 데 선구자가 된 투자 회사에서 그는 두각을 나타내기 시작했다. 이곳에서는 프로그램이 설계한 대로 컴퓨터가 자동으로 주식 거래를 진행하는 기법을 사용하는데 이 업무는 정서적인 부분은 완전히 배제한 채 정해진 규칙대로만 진행되는 것이었다.

지금까지 베이조스의 이력을 보면 그가 왜 시스템에 대해 집착했는지를 가늠할 수 있다. 베이조스의 직원 중 하나는 그의 사고와 행동이 지극히 이론적이고 그 어떤 일에도 체계적으로(systematic) 대처한다고 진술한 바 있다. 심지어 그는 여성과 만날 때조차 '우먼 플로(투자 안건과 만날 기회를 뜻하는 딜 플로deal flow에 빗대어 여성과 만나는 기회를 이렇게 불렀다)'를 늘리는 방식으로 진행했다고 한다. 그는 시스템식 사고를 하는 S타입을 대표하는 인물이라 할 수 있다.

## 일론 머스크의 경우

베이조스와 나란히 경이적인 성공을 거둔 시대의 총아 중 일론 머스크Elon Musk, 1971~. 남아프리카공화국 출신의 미국 사업가 - 옮긴이 가 있다. 전기 자동차로 세계를 리드하는 테슬라뿐만 아니라 꿈같은 이야기라고만 여겼던 우주 사업에 돌파

구를 연 스페이스X를 창립하고, 대기업으로 키운 파격적인 인물이다. 역사상 그에 필적할 만한 인물을 찾아보면 알렉산더 대왕이나 징기스칸 정도밖에 없을 정도다. 이 둘은 무력으로 세계를 정복했지만 머스크는 과학 기술과 경영 능력으로 그 누구도 이루기 힘든 일을 해냈다. 그의 어떤 점이 이런 일을 가능케 했을까? 그는 남아프리카공화국의 수도 프리토리아에서 태어났다. 아버지는 전기와 기계 엔지니어, 어머니는 영양사였는데 이과 계통인 부모의 유전자를 물려받았는지 그 역시 학창 시절에 수학에 재능이 있었다. 그도 호기심이 왕성하고 활달한 아이였지만 베이조스와 비슷하게 자신의 세계에 빠져들 때면 옆에서 누가 불러도 대답조차 하지 않았다고 한다.

부모는 그런 점이 걱정스러워 이비인후과에 데려가 청력 검사까지 받게 했지만 결과는 이상 무였다. 사실 이런 에피소드는 자폐 성향이 있는 아이들에게서 더러 발견할 수 있다.

내적 세계에 과도하게 몰입해서 집중하기 때문에 외부 세계의 목소리나 소음이 전혀 들리지 않는 것이다.

외부에서는 전혀 알 수 없지만 일론의 내부에서는 그 후 그의 능력의 원천이 되는 일이 벌어지고 있었다. 일론은 인터뷰에서 이렇게 말했다.

"저는 대여섯 살 무렵부터 외부 세계와 단절하고 모든 신경을 한 군데 모으는 방법을 체득한 것 같아요. 뇌 속에는 보통 사람 같으면 눈으로 들어온 시각 정보만을 처리하는 부분이 있는데, 저의 경우에는 그걸 사고 프로세스로 이용했다고나 할까요. 신경을 모아서 사고하는 과정에 집중했던 것 같아요. 지금은 신경 써야 할 일이 너무 많아서 예전만큼 한 군데 집중하지는 못하지만 어린 시절에는 자주 그렇게 했던 것 같아요."

시각 정보를 처리하는 뇌의 영역으로 사고 프로세스를 진행하는 것. 이것이 바로 시각 통합 능력이다. 일론은 소년 시절부터 이 능력을 최대한 활용했던 것이다. 이것은 현실에 없는 것을 상상하여 사고를 전개하는 능력이기도 하다. 그는 이렇게도 말했다.

"이미지나 숫자의 경우에는 상호 관계나 수학적인 관련성을 파악해서 처리할 수 있습니다. 가속도나 운동량, 운동 에너지 같은 것이 물체에 어떤 영향을 주는지 머릿속에 선명하게 떠오르거든요."

그는 이렇게 이미지로 사고하는 기술을 어린 시절부터 몸에 익혔다. 그가 그저 공상에 빠져 있기만 한 건 아니었다.

그가 어린 시절부터 열중했던 또 하나가 바로 독서였다. 동생의 증언에 따르면 그는 늘 한쪽 손에 책을 들고 있었다고 한다. 하루 열 시간 이상 독서에 몰입하는 경우도 드물지 않았고, 주말에는 반드시 시간을 들여 두 권의 책을 독파했다고 한다. 그는 학교 도서관에 있는 책을 거의 다 읽어 더 이상 볼 게 없었기 때문에, 브리태니커 백과사전에 빠져 지냈다. 초등학생 때부터 두 시리즈의 백과사전을 독파한 일론은 '걸어다니는 백과사전'이라고 불릴 정도로 지식이 풍부한 소년이 되어 있었다.

하지만 물론 그에게도 어려운 일은 있었다. 그것은 사회성과 운동이었다. 소년 일론은 상대가 어떻게 생각하는지를 듣는 게 아니라 그 일이 옳은지 그른지 따지기를 좋아했다. 만약 자신이 보기에 잘못된 것이 있으면 지적하지 않고서는 못 배기는 성격이었다. 그렇다 보니 그는 친구들을 화나게 만들었고 당연히 외톨이가 되어 우울

해했다. 그의 친동생조차 잘 놀아주지 않았다. 그가 몇 년 동안 왕따를 경험한 것도 이런 성격 때문이었을 것이다.

또 한 가지 그가 고립되었던 이유는 부모의 이혼이었다. 그는 처음에는 어머니와 살았는데, 어머니 역시 일 때문에 바빴기 때문에 그를 돌볼 시간이 부족했다. 이때 그의 곁에 있어준 것은 할머니였다. 그를 학교에 데려다주고 데려온 것도, 함께 게임을 해준 것도 할머니였다. 몇 년 후에 일론은 다시 아버지와 살게 되었는데 이 시절이 무척이나 불행했다고 인터뷰를 통해 이야기한 적이 있다. 아버지는 아이인 그가 기대하는 애정이나 상냥함을 보여준 적이 거의 없었다고 한다.

"아버지와 함께 살았던 때도 물론 좋았던 일이 전혀 없었던 건 아니지만 행복하지는 않았어요. 비참했다고나 할까요. 아버지는 남의 인생을 비참하게 만드는 특기의 소유자였어요. 그건 확실합니다. 그 어떤 괜찮은 상황도 엉망으로 만들어버리는 재주가 있었거든요."

어린 시절부터 탁월한 지각 추론 능력을 갖고 있었지만 아버지의 부정적인 태도를 극복하는 것은 그에게도 쉬운 일이 아니었을 것이다. 결국 그는 자신의 나라인 남아프리카공화국을 버리고 미국으로 가겠다는 목표를 세웠고 결국 크게 성공했다. 내면 깊은 곳에 충족되지 못한 마음을 야심으로 승화시켜서 거대 사업을 하나둘씩 착착 진행하고 있는 것이다.

## / 공감하는 뇌와 시스템적인 뇌 /

앞에서도 언급했지만 여성도 유전적 체질이나 스트레스 등에 의해 혈중 남성 호르몬이 높은 수준으로 변하는 경우가 있다. 만약 남자아이가 정소의 테스토스테론뿐만 아니라 어머니의 테스토스테론까지 받는다면 공감성과 커뮤니케이션의 발달이 억제되고 시스템에 대한 관심과 강박이 강해진다는 것을 보여주는 연구 결과도 있다. 이 때문에 자폐증의 원인이 어린 시절 남성 호르몬을 과도하게 받았기 때문이라는 학설도 있다. 이것이 바로 '초남성 뇌 가설'이라는 것이다. 이를 뒷받침하듯이 자폐증은 여성보다는 남성에게 몇 배나 더 많이 발견된다. 남성의 경우에는 기본적으로 자신의 정소에서 테스토스테론의 영향을 받기 때문에 과도해질 위험성이 높다. 여성의 경우에는 자폐증의 증세도 약한 경우가 많고 그 때문에 알아채기도 어렵다. 다만 여성 호르몬은 남성 호르몬이 전환되어 만들어지기 때문에 이 대사 경로가 원활하지 않을 경우에는 남성 호르몬의 영향을 더 많이 받기도 한다. 여성 중에서도 여드름이 잘 나거나 체모가 풍부한 경우에는 남성 호르몬 분비량이 높은 것으로 추정된다. 이런 경우에는 다른 여성들에 비해서 대인관계나 공감 능력 부분이 약하고 시스템적인 관심이 강한 S타입의 뇌를 가진 경우가 확률적으로 높다.

E타입인지 S타입인지를 가늠하는 생물학적 지표가 있다. 그것은 검지와 약지의 손가락 길이 비율이다. 남성은 검지가 더 길면 S타입. 여성은 그와 반대로 약지가 더 길면 S타입일 경우가 많다. 이 기준은 의외로 적중률이 높다. 자폐증을 구분하는 데에도 도움이 되는 방법 중 하나다. 물론 '초남성 뇌 가설'로 설명할 수 있는 자폐증은 일부이고 이와는 전혀 상관없는 원인도 많다. 최근 연구에서는 여성 호르몬의 과잉으로, 여자아이에게 많이 나타난다는 설도 있다. 또 성호르몬과는 전혀 관계없는 경우도 있는 등 천차만별이기 때문에 너무 한

가지 설을 일반화하지 않도록 주의해야 한다.

공감하는 뇌와 시스템적인 뇌의 차이에 대해 덧붙이자면 사람들과 나누는 대화의 내용, 관심사가 다르다. 이를테면 전자는 "~는 괜찮았어?", "~는 좋아요(혹은 싫어요)", "나도 그래~"라는 대화가 주를 이루고, 후자는 "~는 어때요?(어떤 의미가 있죠?)", "~가 옳아(틀렸어)", "~해야 해"처럼 구조나 규칙, 옳고 그름에 대해 관심이 높다. 시스템적인 뇌가 강한 사람은 일상적인 이야기에 대한 수다를 지루하다고 느끼기 쉽다. 또 자신의 관심사에 사람들이 호응해주지 않아서 불쾌감을 느끼는 경우가 많다.

자폐 스펙트럼 성향이 있는 여성의 대부분은 그레이존인데 또래 집단과 어울리지 못한 채 따로 노는 경향이 있다. 특히 어렸을 때는 왕따를 당하는 경우가 많다. 하지만 과학과 문화의 발전은 시스템적 뇌에서 변혁이 시작된 경우가 많기 때문에 인간의 모든 능력은 다 쓸모 있는 것이라고 말할 수 있을 것이다.

앞에서 살펴본 대로 자폐증에는 지각 추론이 약한 타입과 강한 타입이 있다. 자폐증의 요건인 사회적 커뮤니케이션 장애는 지각 추론 능력이 일부 영향을 미치지만 타인과 감정을 공유하고 친해지는 능력은 지각 추론과는 별개의 능력이다. 전자는 옥시토신 계열 호르몬과 밀접한 관련이 있고, 후자는 전두엽과 시각에 관여하는 뇌 영역이 통합되어 만들어낸 능력이라고 생각하면 이해하기 쉽다. 지각 추론 능력이 아무리 뛰어나도 사회성, 공감성의 작용이 약하면 대인관계나 커뮤니케이션 능력은 약하다.

## / 아내가 왜 화가 났는지
  이해하지 못하는 남자 /

기술직으로 일하는 40대 후반의 남성 D씨는 맡은 바 일을 성실하게 해내는 직원이었다. 그가 직장을 옮긴 건 딱 한 번이었는데 회사에서 자신의 기술을 제대로 인정해주지 않다고 느낄 무렵 좋은 조건으로 스카우트 제의가 왔을 때였다. 그는 새로운 직장으로 옮긴 이후에도 특별히 친하게 지내는 동료는 없었지만 성실하게 일 처리를 하면서 조용히 잘 지냈다. 급여나 보너스 등에도 만족했기 때문에 회사에 큰 불만은 없었다.

그런데 그런 그에게 생각지도 못한 고난이 닥쳤다. 언젠가부터 아내의 태도가 싸늘하게 식어버렸기 때문이었다. 그가 퇴근하고 집으로 돌아와도 아내는 "고생했어요"라며 반겨주지도 않았고 저녁 준비도 해놓지 않은 채 누워만 있었던 것이다. 처음에는 몸이 안 좋은가 보다 싶기도 하고, 아이를 재우다가 그대로 잠들어버렸구나 싶기도 해서, 묵묵히 컵라면으로 끼니를 때웠다. 그런데 그런 날들이 계속되자 도대체 왜 그러느냐고 자초지종을 캐물었다. 그러자 아내는 퉁명스러운 표정으로 "너무 지쳤어"라고 대답할 뿐이었다.

그러던 어느 날, 아이 저녁밥은 해먹이면서 자신에게는 아무것도 안 해주는 아내의 모습에 그는 너무나 화가 나서 폭발하고 말았다.

"도대체 어쩌자는 거야!"

그가 이렇게 소리치자 아이가 곧바로 울음을 터뜨렸고, 아내는 우는 아이를 안고 안방으로 들어가려고 했다. 그는 들어가지 못하게 막아섰고, 두 사람은 옥신각신하며 몸싸움을 하게 되었는데 이때 아내는 이렇게 외쳤다.

"손대지 마! 내 몸에 손대면 바로 경찰 부를 거야!"

그는 아내의 이 말을 듣고 경악하고 말았다.

다음 날 집으로 돌아와보니 아내와 아이는 사라지고 없었고 메모만 한 장 덩그러니 남아 있었다. 거기에는 이렇게 씌어 있었다.

'당분간 친정에 가 있을 거야. 나는 당신의 하녀도, 가정부도 아니야. 당신이 소리를 지르는 바람에 아이는 무서워서 지금도 벌벌 떨고 있어. 그런 아빠랑은 살고 싶지 않대. 나도 마찬가지야. 계속 이렇게 나를 무시하고 학대할 거면 이혼하자.'

D씨는 아내의 말을 받아들일 수가 없었다. 그는 자신이 아내와 아이를 모두 아끼고 나름대로 좋은 가정을 꾸리기 위해 노력했다고 생각했다. 그런데 도대체 왜 이렇게 아내가 화를 내는지, 자신에게 왜 이러는지 도무지 이해할 수가 없었다.

자신은 변함없이 가족의 생계를 위해 열심히 일했는데 왜 아내가 집안일을 내팽개친 건지 아무리 생각해도 이해할 수가 없었다. 전업주부인 아내가 식사 준비마저 하지 않는 것은 생계를 책임지는 자신이 일을 그만두는 것과 뭐가 다를까 싶었던 것이다. 이런 상황을 겪은 그는 결국 심리 상담을 받으러 왔다. 그를 담당한 상담사는 그의 부인이 오랫동안 속으로 불만을 차곡차곡 쌓아왔을 거라고 추측했다.

"아이들 문제로 부인께서 평소에 어떤 이야기를 하셨나요?"

상담사가 이렇게 묻자 그는 "그러고 보니 최근에 저희 집 아이가 다른 집 아이들보다 발달 상태가 늦다고 걱정하긴 했는데, 별거 아니다 싶어서 흘려들었네요"라고 말했다.

상담사는 두 사람이 서로 느끼는 감정이 너무 다른 것 같다고 지적했다. 또 부인 입장에서는 남편이 자신의 걱정을 들어주면서 공감해주지 않으니까 감정적으로 불안해진 거라고 설명했다. 이 말을 듣고서야 D씨는 비로소 아내가 뭣 때문에 힘들어했는지를 어렴풋이 이해하게 되었다. 그 후 그는 부인의 권유도 있고 해서 발달검사를 받게 되었다. 결과를 보니 그는 지각 추론 능력이 상당히 높은 반면, 작업 기억이 평균 이하였다. 물론 그렇다고 해서 발달장애는 아니었다.

D씨는 자신의 관점에 집착하고 자신이 정한 규칙을 고집하는 성향은 있었지만, 학생 시절에도 성실했고, 회사 생활도 큰 실수 없이 잘 해냈다. 또 결혼 이후 7~8년 동안에는 큰 문제 없이 잘 지내왔다. 이런 그가 자폐증 혹은 사회적 커뮤니케이션 장애라면 전체 인구수의 20~30%가 여기에 해당될 것이다.

D씨의 경우는 지각 추론이 우수한 한편으로, 작업 기억이 약했다. 발달검사에서 말하는 작업 기억이란 귀로 듣고 기억

하는 청각적 기억을 말한다. 즉 작업 기억이 약하다는 것은 듣고 이해하는 능력이 약하다는 뜻이다.

그가 부인의 이야기를 흘려들었던 것은 회사 일로 피곤했기 때문도 있지만 애당초 듣기 능력이 약해서 부인의 말이 머릿속에 남아 있지 않았기 때문이다. 부인 입장에서는 똑같은 말을 여러 번 해도 이야기를 들어주지 않으니 차곡차곡 불만이 쌓였던 것이다. 게다가 D씨는 일반적인 발달검사로는 알 수 없는 애착 문제까지 안고 있었다. 그의 애착 유형은 공포회피형이었다. 공포회피형 애착 스타일은 인간에 대한 불신이 강해서 타인에게 쉽게 마음을 열지 않는다. 관계를 맺었다가 상처받을까 봐 두렵기 때문에 회피하는 것이다. 하지만 속마음은 그렇지 않다는 게 문제다. 사실은 타인과 관계 맺길 원하고 사랑받고 싶은 마음이 있는 것이다. 이런 그의 애착 성향은 어린 시절 어머니와의 관계에서 비롯되었다. 그의 어머니는 늘 집에 없었고 간혹 집에 있는 날에도 늘 얼굴을 찡그린 채 공부하라는 잔소리만 무미건조하게 했다고 한다. 그는 어머니의 그런 잔소리를 듣지 않기 위해 눈도 마주치지 않으려고 애썼다고 한다. 한 번도 어린아이답게 어리광을 부리거나 떼를 쓴 적이 없을 정도로 그의 어린 시절은 회색빛이었다. 그렇게 자란 그에게 타인과 허물없이 지내는 일은 위험한 일이었기 때문에 그 누구에게도 감정을 내어주거나 마음을 허락하지 않은 채 표면적인 관계만 유지했던 것이다. 아내는 그렇게 딱딱하고 무미건조한 남편 때문에 계속 스트레스를 받았고 결국 폭발하고 말았던 것이다.

D씨처럼 지각 추론 능력이 높은 사람들은 강박적인 성향도 있어서 '~해야 한다'는 규칙을 관계에도 적용하는 경우가 많다. 하지만 사람 사이의 관계는 수학 공식이나 법률상 계약 조건처럼 정해진 규칙으로만 움직이는 것은 아니기 때문에 자꾸 관계가 삐걱거리는 것이다. 이들은 심리 상담을 통해 먼저 이런 자신의 특징을 인식하고 상대방의 입장에서 상황을 바라보는 능력을 키우기 위해 노력해야 한다.

# 6장

# 남들보다 몇 배 더 예민한 사람

왜 마음이 아프면 몸까지 아픈 걸까?

나는, 왜 사는 게 힘들까?

## / 너무 예민해서 쉽게 상처받는 두 가지 타입 /

최근 감각 과민으로 고생하는 사람들이 늘고 있다. 학계에서 정식 진단 기준도 정리하지 않았는데도 HSP(Highly Sensitive Person, '너무 예민한 사람'이라는 뜻)라는 용어가 이미 광범위하게 쓰이고 있다는 것이 그 사실을 뒷받침하고 있다(어린이의 경우는 HSC). 이 현상은 그만큼 많은 사람들이 살기 힘든 원인을 예민함 때문이라고 생각한다는 방증이다. 하지만 감각이 과민한 것만으로는 발달장애로도 혹은 다른 정신질환으로도 진단할 수 없다. 감각 과민은 자폐증의 진단 기준 중 하나이긴 하지만 그것만으로 확정할 수는 없다. 한편 다른 사람의 행동이나 표정 등에 민감하게 반응하는 것은 불안형 애착 스타일의 전형적인 패턴인데 이는 장애라기보다는 그 사람의 특성이다. 두 경우 모두 그레이존이라고 할 수 있다.

다시 말하자면 과민함에는 크게 두 가지가 있는데 첫 번째는 일반적인 감각 과민인 신경학적인 과민함이고, 두 번째가 바로 타인의 표정에 예민한 심리 사회적 과민함이다. 전자는 주변 사람들의 반응에는 오히려 무감각해서 사회성이 떨어지는 타입이다. 자폐증도 여기에 해당한다. 그리고 후자는 주변 사람들의 표정이나 몸짓 등에 과도하게 신경을 쓰면서 스트레스를 받는 타입으로 HSP는 여기에 해당된다.

## / 살아남기 위해 눈치 볼 수밖에 없는 아이 /

자폐증인데 감각 과민이 있는 경우에는 극단적으로 둔감증도 공존한다. 자신이 신경 쓰는 대상에는 과민 반응을 보이면서, 상대가 어떻게 느끼는지에 대해서는 전혀 신경 쓰지 않는다. 이와 함께 집착증과 사회적 커뮤니케이션 장애도 갖고 있다. 이에 반해 HSP는 집착증이 없다. 또 사회적 커뮤니케이션 장애가 있다기보다는 오히려 과잉이어서 문제다. 지나치게 주변 분위기에 신경 쓰거나 상대의 기분을 헤아리려고 애쓰는 것이다. 물론 공감 능력이 풍부한 것은 장점이 될 수도 있지만, 너무 신경을 쓰는 바람에 쉽게 지치고, 상대를 더 우선시하느라 손해 보는 역할을 자청하는 등 단점도 적지 않다. 이는 선천적이라기보다는 양육 환경 때문인데 불안형 애착 스타일의 양상과 거의 일치한다. 불안형 애착 스타일은 어린 시절 끊임없이 부모의 눈치를 보며 자란 사람에게 전형적으로 나타난다. 자기 기분에 따라 극단적으로 태도를 바꾸거나 정서적으로 불안한 부모에게 큰 영향을 받은 것이다. 혹은 부모가 서로 늘 싸우기만 하거나 형편이 어려워 다른 누군가에게 의지하지 않으면 안 되는 불안한 상태에서 자란 경우에도 그럴 위험이 높다. 이 두 가지 경우에 처한 아이는 당연히 살아남기 위해 부모나 주변 어른들의 눈치를 볼 수밖에 없다. 항상 그들의 비위를 맞추기 위해 전전긍긍하는 태도가 몸에 배는 것이다. 감각 과민이 있는 경우에도 커뮤니케이션 장애가 있는지 아니면 오히려 그 능력이 과잉 표출되는지를 체크해볼 필요가 있다.

만약 커뮤니케이션 장애가 없는 경우라면 HSP이고, 불안형 애착 스타일인 경우가 많다. 이 경우에는 같은 행동 패턴을 반복하거나 사소한 것에 집착하는 고집증은 그다지 두드러지지 않는다. 오히려 상대방의 행동에 과도하게 반응하는 것이 특징이다.

개중에는 이 두 가지 성향을 한꺼번에 갖고 있는 경우도 있다. 원래 자폐 성향이 있는 사람이 부모의 지나친 간섭을 받거나 학교 같은 집단에서 따돌림을 받으면 불안형 애착 스타일(공포회피형의 경우에도)까지 갖게 되는 것이다.

### 학교에만 가면 기분이 나빠지는 소녀

열세 살 중학생 소녀 K는 초등학교 6학년 무렵부터 학교 가기를 싫어했다. 소리나 빛에 특히 예민했던 K는 교실에 들어서는 순간부터 크고 날카로운 소리가 귀에 거슬려 기분이 나빠진다고 말했다. 최근에는 뾰족한 것이 신경 쓰여 가위나 칼 같은 물건이 주변에 있기만 해도 집중을 할 수가 없었다. 갑자기 배나 머리가 아프거나 현기증을 느낄 때가 많아 병원에 가서 진찰을 해보면 특별한 원인을 발견할 수가 없었다. 늘 정해진 대로 해야만 안심이 되었고, 갑자기 환경이 바뀌거나 일정이 급변하면 마음이 불안해지고 몸 상태도 나빠졌다. 원래부터 걸음이 느리고 운동도 못했던 그녀는 책 특히 판타지 소설에 푹 빠져 지냈다. 그 안에서는 모든 것이 조화롭고 평화롭게 느껴졌기 때문에 같은 작품을 몇 번이나 다시 읽는 걸 좋아했다. 이 소녀처럼 과민함뿐만 아니라 같은 행동 패턴을 반복하는 집착증, 커뮤니케이션 장애까지 갖고 있으면 자폐 성향이 있다고 짐작할 수 있다.

## / 자폐증과 헷갈리기 쉬운
### '공포회피형 애착 스타일' /

불안형 애착 스타일과 자폐증은 원래 구분하기 쉬워서 헷갈릴 일이 거의 없는데 이 둘의 중간쯤에 해당하는 사람들의 경우에는 전문가조차 잘 구별하지 못한다.

　그것은 바로 공포회피형 애착 스타일을 갖고 있는 경우다.

이들은 상대방의 반응, 즉 자신이 인정받고 있는지 아닌지에 대해 극도로 신경을 쓰는 불안형과 상처받는 게 싫어서 친밀한 관계를 피하는 회피형이 공존하는 유형으로 너무나도 상대방에게 인정받고 싶으면서도 가까이 다가가는 건 두려워하는 딜레마를 품고 있다.

『울어버린 빨간 도깨비』라는 동화에 나오는 주인공 빨간 도깨비가 바로 이 유형이다. 그는 마음속으로는 마을 사람들과 사이좋게 지내고 싶어 하면서도 의심이 많아서 도무지 먼저 다가가지 못한다. 파란 도깨비가 악역을 해주면서 의심이 풀리고 서로를 받아들이게 된다. 『미녀와 야수』에 나오는 야수도 마찬가지이다. 야수는 어차피 사람들이 자신을 미워할 거라고 단정 지은 채 성에 틀어박혀서 아무에게도 모습을 드러내지 않는다. 길을 잃고 헤매다 우연히 성에 들어온 벨이 먼저 다가가도 그녀를 믿지 못한다. 자기희생적인 애정을 확인한 이후에야 비로소 서로를 믿으면서 저주가 풀린다.

빨간 도깨비와 야수처럼 공포회피형 애착 스타일은 자신이 어차피 미움받고 거절당할 거라는 두려움이 있기 때문에 대인관계에 소극적이고 어색하다. 또한 이들은 인간관계뿐 아니라 도전을 꺼리는 경향이 있다. 왜냐하면 새로운 일이나 환경은 반드시 새로운 인간관계를 동반하기 때문이다. 그러면 또 자신을 드러내야 하고 타인의 간섭을 받아야 하기 때문에 그들에게는 번거로운 일이 아닐 수가 없다. 그런데 이렇게 일과 인간관계를 피하며 살다 보면 일적인 능력이나 사회성도 점점 퇴화한다는 게 문제다. 주변 사람들이 보기에는 능력이 없어서 안 하는 것인지, 안 하다 보니 못하게 된 것인지 알 수가 없다. 결과적으로만 보면 커뮤니케이션 장애가 있는 경우와 큰 차이가 없게 되는 것이다.

새로운 도전을 피하다 보면 단조로운 생활이 반복되기 십상이다.

원래 같은 행동을 반복하는 집착증이 없었더라도 결과적으로는 매일 똑같은 생활 패턴이 끊임없이 계속될 수밖에 없다. 이런 결과만 놓고 보면 집착증이 있는 것처럼 보이는 것이다. 그래서 공포회피형 애착 스타일과 자폐증은 구분하기 어려울 때가 있다. 둘을 구분하는 포인트는 어린 시절 불안한 환경에서 자랐거나 학창 시절 왕따를 당한 경험이 있다거나 하는 과거 경험의 여부다. 뿌리 깊은 인간에 대한 불신도 특징이다. 후자의 경우에는 감각 과민은 있지만 이렇게 인간에 대한 불신감이 있지는 않다.

공포회피형 애착 스타일로 고통받았던 사람 중 하나로, 소설가인 나쓰메 소세키<sup>夏目漱石, 1867~1916 – 옮긴이</sup>를 꼽을 수 있다. 소세키는 어린 시절 양자로 입양되었다가 다시 본가로 돌아오는 일을 몇 차례 반복하며 본가는 물론이고 그 어디에도 소속감을 느낄 수 없는 불안정한 환경에서 자랐다. 후에 소세키가 작가로 활동하며 두각을 나타내자 그의 양아버지는 계속해서 돈을 요구하면서 그를 괴롭혔다. 그는 예민한 성격으로 자식들에게 큰소리를 내지 말라며 엄청나게 화를 내기도 하고 아내에게도 자주 폭력을 휘둘렀다. 단순히 예민한 정도가 아니라 가족들마저 자신에게 악의를 품고 있다는 망상에서 벗어나지 못했던 것이다.

소세키의 최고 걸작이라고 할 수 있는 『마음』은 믿었던 숙부에게 속아 넘어간 주인공이 본인 역시 친구를 배신하고 결국 자신도 죽음에 몰린다는 줄거리로, 상처받은 마음, 인간에 대한 불신을 세밀하게 묘사한 작품인데 주인공의 고뇌는 바로 작가 자신의 것이라고 말할 수

## 'HSP' '자폐증' '공포회피형'의 차이

| HSP(불안형) | 자폐증 | 공포회피형 |
|---|---|---|
| 감각 과민뿐만 아니라 타인의 표정에도 예민하다. | 감각 과민과 둔감증이 공존. 타인의 표정이나 분위기를 파악하지 못한다. | 감각 과민뿐만 아니라 인간에 대한 불신이 강하다. |
| 사회적 커뮤니케이션 장애, 집착증은 거의 없다. 신경학적인 기능 장애도 두드러지지 않는다. | 사회적 커뮤니케이션 장애와 집착증을 다 갖고 있다. 신경학적인 기능 장애가 있다 (일상생활에서 매사가 서툴다). | 신경학적인 기능 장애는 약하지만 사회적 커뮤니케이션이 힘들고 집착증도 강하다. |
| 성장 과장에서 겪은 환경이 가장 큰 원인 이지만 유전 때문이기도 하다. | 유전적 요인이 가장 크지만 환경 요인도 적지 않다. | 불안정한 양육 환경에서 받은 트라우마가 원인인 경우 기저에 자폐증이 있을 수 있다. |

있다. 이처럼 공포회피형의 내면 깊숙한 곳에 들어 있는 인간에 대한 불신은 자신이 체험한 트라우마와 관련이 있는 경우가 많다. 이에 비해 자폐 스펙트럼의 경우에는 상대의 악의를 눈치채지 못할 정도로 둔감하다. 아이러니하게도 오히려 이 둔감력이 자신을 지켜주는 측면도 있다.

한 가지 덧붙이자면 자폐증이 있는 아이가 왕따를 당하거나 부모, 교사로부터 부당한 대우를 받게 되면 공포회피형으로 자라는 케이스가 적지 않다. 이렇게 자폐 성향에 공포회피형 애착 스타일까지 겹치는 사람의 경우에는 질투심과 의심도 심각하고 집착증까지 있기 때문에 사회적으로 고립되기 쉽다. 개인적인 능력이 있어도 집에서 틀어박혀 지내거나 사회생활에 적응하는 데 애를 먹는 경우가 많다.

신경학적인 기능 장애는 그리 심각하지 않지만, 사람들과 섞여서 어울려 사는 것 자체가 곤란하기 때문에 사는 게 너무 힘들다고 느낄 수 있다.

# / 마음의 문제가 몸으로 드러나는 심신증 /

감각 과민이 있는 사람은 당연히 스트레스 지수도 높고 불안 감이나 긴장감도 강하다. 이와 더불어 어깨 뭉침이나 두통, 현기증, 복통과 설사 같은 증상도 자주 나타난다. 이런 특징은 자폐증, HSP, 공포회피형 애착스타일 모두 공통적으로 나타난다.

철학자 니체는 극히 과민하고 매사에 서툰, 자폐 성향의 인물이었는데 어린 시절부터 두통을 비롯해 온갖 몸의 질환으로 고통받았다. 나쓰메 소세키는 위궤양으로 고통받다가 결국 그 때문에 사망했다. 자폐 성향은 아토피나 천식 같은 알레르기 질환도 많이 앓는다. 이런 것들은 마음의 문제가 몸으로 드러나는 심신증이라 할 수 있다. 그 외에도 불안 장애, 수면 장애 역시 발생률이 높다. 공포회피형은 만성적인 우울증이 지속되는 경향이 있고, 불안형 애착 스타일도 가벼운 우울증이 계속되면서 기분변조증을 동반하기 쉽다.

## / 왜 마음이 아프면 몸까지 아픈 걸까? /

온몸이 쑤시고 아프거나 만성 두통이 있는데 진통제를 먹어도 잘 낫지 않는 경우가 있다. 이는 감각 과민에 의한 통증일 확률도 높은데 최근에는 인지 행동 치료나 마인드풀니스, 긍정심리학이 효과적이라는 연구도 활발하게 보고되고 있다. 또 최근에 더욱 주목받고 있는 해결책은 애착 시스템을 이용하는 것이다. 가족이나 친구 등 가장 중요한 관계에서 오가는 대화, 행동 등을 교정해나가면 점차 증상이 나아진다는 것이다. 왜 이렇게 애착 관계가 중요한지 규슈대학병원 정신과 교수인 호소이 마사코(細井昌子)는 이렇게 말하고 있다.

"우울증도 점차 좋아지는 경우와 그렇지 못한 경우가 있습니다. 그렇다면 좋아지는 경우의 공통점이 뭔지 따져봤는데요. 제 임상경험으로는 담당하는 의사의 처방에 잘 따르는 분들이 좋아지는 경우가 많았습니다."

이 말은 의사와 환자 사이에 애착 관계가 형성되면서 옥시토신의 활동이 원활해지면 통증이 개선된다는 가설을 지지해주고 있다.

과민하다는 것은 한 가지 일에 과도하게 신경이 집중되어 예민해지다 보니 고통을 느끼는 것이다. 이를테면 어떤 소리에 예민한 사람이 하루 종일 그 소리에만 신경을 쓰거나, 몸 어딘가가 아픈 사람이 계속 그것만 생각하면서 괴로워하는 것이다. 이럴 때는 차라리 뭔가 다른 일을 하면서 신경을 분산하는 것이 좋다. 적당히 바빠야 고통이나 불안도 가라앉는다. 시간이 너무 많으면 지금 자신을 괴롭히는 것으로 신경이 쏠리게 된다. 그러므로 과민함을 치료할 때는 일을 그만두거나 쉬는 것은 오히려 역효과가 난다. 물론 일이 많아 스트레스가 심한 경우에는 쉬는 것이 좋지만 과민증과 잘 구별할 필요가 있다. 과민증인 경우에는 오히려 일이나 가사 활동, 취미 생활 등으로 적당히 바쁜 편이 낫다.

그렇다면 왜 이렇게 과민한 성향을 갖게 된 걸까? 이는 과민한 인지와 연결되어 있다. 특히 심리적인 과민함은 트라우마 때문이기도 하지만 실질적인 원인은 타인을 과도하게 의식하기 때문이다. 스스로를 타인의 시선에 묶어둠으로써 모든 것에 지배당하는 것이다.

이러한 인지 습관은 트레이닝을 통해 바꿀 수 있다. 자신의 시점뿐 아니라, 상대방의 시점 그리고 제삼자의 시점에서 상황을 바라보면서 시야를 넓히는 것이다. 이런 훈련을 반복하다 보면 자신의 과민함을 서서히 인지하게 되고 좀 더 편안하게 자신과 주변 사람들을 바라볼 수 있게 된다.

감각 과민은 일종의 통증이다. 이 증상이 있는 사람들은 모두 통증을 느낀다. 실제 몸이 아파서 느끼는 통증도 심리적 요인에서 비롯되는 통증도 그것을 느끼는 뇌의 부위는 동일하다. 그러므로 감각 과민이 완화되면 몸의 통증까지 완화되는 선순환이 일어날 수 있다.

## / 매일 3분 명상만으로도 강박이 완화된다 /

그렇다고 억지로 감각 과민을 없애기 위해 노력한다고 해서 통증이 사라지는 것은 아니다. 오히려 지금 자신의 상태를 있는 그대로 받아들이면서 음미하는 접근법이 효과적이다. 선(禪) 수행이나 요가 같은 활동이 여기에 해당되는데 물론 이를 행하는 과정이 오히려 고통스럽다고 느낄 수도 있다. 하지만 길게 보면 근본적인 문제를 해결해주는 길이다. 이런 방법을 의학적으로 활용할 수 있도록 만든 것이 마인드풀니스다.

마인드풀니스는 호흡과 신체 감각에 집중하면서 자신을

있는 그대로 느끼는 명상법이다. 이런 명상을 매일 3분 정도만 해도 강박이 완화되는 효과가 있다.

최근 들어 주목받고 있는 방법으로, SSP(Safe & Sound Protocol)라는 접근법이 있다. 이것은 특히 청각이 예민한 사람에게 특수하게 가공한 음악을 들려줌으로써, 이소골근의 조절 기능을 높이고, 과민함을 개선하는 요법이다. 다중 미주신경 이론(polyvagal theory)으로 유명한 스티븐 포지스(Stephen W. Porges) 박사가 개발했다.

청각이 예민한 사람은 미주신경 기능에 이상이 생겨 과도한 긴장과 함께 심리적 동요, 흥분, 복부의 불쾌감, 구토 같은 증상이 나오기도 하는데 이런 증상을 완화하는 데 효과가 있다. 이뿐 아니라 최근에는 감각 과민을 완화해주는 약도 많이 개발되어서 나와 있다. 의사와 상담을 통해 자신에게 맞는 약을 써보는 것도 좋다.

# / 7장 /
# 주위가 산만하고 정리를 못하는 사람
### 왜 그 사람은 항상 정신이 없을까?

나 는 왜 사 는 게 힘 들 까 ?

## / 주의가 산만하고 실수를 자주 하는
## 근본적인 이유 /

뇌의 사령탑 같은 역할을 하는 영역이 이마 안쪽에 있는 전두전야(前頭前野)다. 전두전야는 현재의 정보뿐만 아니라 장기기억에 있는 정보까지 참고해서 의사결정(목표 설정)을 내리는 동시에, 목표 달성을 위해 어떻게 행동할지 체계적인 계획을 세운다(계획성). 그리고 그 계획에 따라 행동(과제 처리)한다. 이렇게 자신이 갖고 있는 정보를 기준으로 의사를 결정하고 행동에 옮기는 것을 '실행력(수행 기능)'이라고 부르는데,

일상생활이나 일, 대인관계에서 이 기능은 상당히 중요하다.

이 기능이 떨어지는 경우가 바로 ADHD다. 이들은 부주의, 다동, 충동 성향 때문에 실수를 연발한다. 한 가지 일에 금방 싫증을 내고 다른 일로 갈아타거나 시간 관리를 잘하지 못해서 기한을 어기는 일도 잦다. 물론 그 전 단계인 의사결정에서부터 실패하는 경우가 많다.

일상생활에서도 누군가에게 달려가려다가 차에 치일 뻔한다거나 무모하게 투자에 나섰다가 거금을 잃는가 하면, 충동구매로 파산에 이르기도 하는 등 사건에 휘말리는 경우가 많다. 계획성이 약해서 즉흥적으로 행동했다가 나중에 다시 해야 하는 경우도 많다. 설명서를 제대로 읽어보지도 않고 가구를 조립했다가 실패해서 다시 분해한 적이 있다면 충동적으로 행동하기 쉬운 사람이라 할 수 있다. 물론 충동적인 면이 있다고 해서 다 ADHD는 아니다. 실행력이 떨어지는 원인은 이 밖에도 다양하기 때문이다(특히 청년, 성인기의 경우에는). 어쨌거나 원인이 어디서 비롯된 것이든 간에 실행력이 떨어지면 그만큼 인생이 힘들어진다는 사실이 중요하다.

## 실행력 체크 리스트

| 의사결정력 | • 예정에 없는 쇼핑을 자주 한다.<br>• 즉흥적으로 행동하는 경향이 있다. |
|---|---|
| 계획성 | • 계획적으로 행동하는 것이 힘들다.<br>• 종종 설명서를 읽지 않은 채 먼저 조립부터 하기도 한다. |
| 순차 처리 | • 쉽게 싫증이 나서 어떤 일도 오래 지속하지 못한다.<br>• 끈기 있게 버티는 것을 못한다. |
| 동시 처리 | • 순간적인 판단을 잘 내리지 못한다.<br>• 두 가지 일을 동시에 처리하면 효율이 바닥을 친다. |
| 유연성 | • 한번 뭔가를 시작하면 변경하기가 힘들다.<br>• 같은 실패를 반복하는 경향이 있다. |

실제로 앞서 말한 웩슬러식 지능검사의 군지수 네 가지 중 사회 적응과 가장 밀접한 관계가 있는 요소는 '처리 속도'이다. 그런데 이것도 '순차 처리 과제'와 '동시 처리 과제'라는 두 가지 기준으로 판단할 수 있다. 다만 이것만으로는 의사결정력이나 계획성이 있는지 여부를 알기는 힘들다. 또 행동으로 옮기면서도 유연성이 있는지 등등도 알 수 없다. 그래서 위에 실행력에 대한 체크 리스트를 소개해두었다. 각각의

두 가지 항목 모두에 해당되면 문제가 있다고 의심해봐야
한다.

## / 왜 ADHD가 급증하는 걸까? /

최근 들어 정리를 잘 못하는 사람, 스케줄이나 시간 관리를
잘 못해서 괴로워하는 사람, 잔실수가 많은 사람들이 늘고 있
다. 이런 상태는 대개 ADHD라는 진단을 내리고 약물치료
를 권하는 경우가 많다. ADHD의 유병률은 이제 거의 10%
나 된다. 약을 처방받는 사람의 숫자로 추측하자면, 15년 만
에 거의 두 배 정도 늘었다. 이렇게 늘어난 이유는 검진받는
케이스가 늘어서이기도 하지만 전문가들에 의하면 실제 숫
자가 늘어난 게 사실이라고 한다. 그렇다면 유전적 요인이
60~70%나 되는 ADHD가 왜 이렇게 급증하는 걸까?

여러 가지 이유가 있겠지만 특히 환경적 요인이 크다. 특
히 수면 시간이 단축되고 스트레스가 늘어났기 때문이라는
지적이 있다. 또한 합성감미료나 색소가 들어간 음식, 가정폭
력, 임신 중의 음주, 극빈 가정의 증가 등도 원인으로 꼽는다.

이와 함께 의사(疑似) ADHD의 수도 증가하고 있다는 점도 특징이다. 앞에서도 잠깐 언급했지만 '의사 ADHD'란 증상이 ADHD와 비슷해서 붙여진 이름이지만 그 원인은 다른 정신질환 가령 우울증이나 불안 장애, 의존증, 애착 장애 등이다. ADHD의 경우에는 어렸을 때 진단을 받더라도 나이가 들어가면서 점점 나아져서 열여덟 살이 될 때까지 약 80%가 회복이 되는 데 비해 의사 ADHD는 열두 살 정도에서 시작되는 경우가 많고 점점 더 증세가 심해진다. 그러므로 성인 ADHD의 대부분은 의사 ADHD이다.

1장에서 말했듯이 의사 ADHD는 신경 장애 수준으로 보면 경증인데도 일상생활을 살아가는 것은 오히려 더 힘들다는 특징이 있다. 흔히 말하는 기분 장애, 불안 장애, 의존증, 과식증 등등도 자세히 들여다보면 의사 ADHD인 경우가 많으며 이 경우 애착 장애나 애착 트라우마가 뿌리 깊을 확률이 높다.

## / ADHD와 의사 ADHD의 구분 방법 /

앞에서도 말했지만 스크리닝 테스트만으로 ADHD라고 진단 내리는 경우가 늘어서 과잉 진단이라는 말들이 많다. 이 경우 거의 절반가량은 과잉 진단에 의한 의사 ADHD일 확률이 높다. 이 둘을 구분하는 방법 중 중요한 지점은 증상이 열두 살 이전에 시작되어 점점 완화되었는지 아니면 열두 살 이후에 점점 심해졌는지를 확인하는 것이다. 또한 우울증 등의 기분 장애나 불안증, 뭔가에 대한 의존증, 과식, 해리 장애 증상 등이 있었는지 여부도 중요하다. 이런 증상이 여러 가지가 드러났을 때는 의사 ADHD일 가능성이 높다.

또 하나는 부모가 지배적인 사람이었는지 학대나 방치가 있었는지, 혹은 어린 시절 부모와 이별한 경험이 있었는지도 중요하다. 만약 어린 시절 부모가 안전 기지 역할을 전혀 해주지 않았다면 불안정한 애착 성향을 갖게 되었을 것이고 의사 ADHD일 가능성도 높다. 어린 시절 학대나 방치를 당했을 경우, 나이가 들면서 오히려 증상이 더 심해진다는 연구 결과도 있다.

또 의사 ADHD는 자폐증과 증상이 비슷하다는 특징이

있다. ADHD는 언어 이해와 처리 속도가 늦은 반면 의사 ADHD는 지각 추론이 가장 낮은 경향이 있다. 또 전자는 남성이 많고 후자는 여성이 약간 더 많다. 만약 의사 ADHD로 진단을 받는다면 단순한 그레이존은 아니다. 마음속 깊은 곳에 애착 장애를 안고 있는 경우가 많기 때문이다. 이것을 제대로 인식할 수 있다면 탈출할 수 있는 기회를 만들 수 있다.

## / 전두전야가 다쳤을 때 일어나는 일 /

ADHD는 주로 유전 요인, 의사 ADHD는 주로 양육 환경 때문이라고 이야기했지만 또 한 가지 혼돈되는 경우가 있다. 바로 전두전야가 사고 등에 의해 손상을 입은 경우이다. 이런 상황에서는 ADHD와 유사하게 행동이 부자연스러워지고 다동성, 충동성 성향이 나온다. 몸이 마비된다거나 하는 증상은 없고 미묘하게 행동이 달라지는 것이라 알아채기가 쉽지 않다.

전두전야는 이마 바로 안쪽에 있는 부위인데 이를테면 차가 급정거했을 때 이마를 앞에 부딪히면서 다치거나 혹은 충격으로 뒤통수를 벽에 부딪혔을 때도 뇌가 흔들리면서 다치기도 한다. 만약 어린 시절 머리가 어딘가 부딪히는 사고를 당했다면 그 이후에 행동이나 주의력에 세밀한 변화가 생기지는 않았는지 주변 사람들에게 물어볼 필요가 있다. 뇌 손상은 MRI 검사를 하지 않는 한 발견하기도 힘들뿐더러 가벼운 손상의 경우에는 드러나지 않는 경우도 많다. 전두전야가 다쳤을 경우에는 일반적인 ADHD의 증세 이상으로 제어가 힘들다. 주의력이 떨어지고 진득하게 뭔가를 기다리는 일을 하지 못한다. 또 문제를 지적당한다고 해서 변하지 않는다. 계속해서 같은 실수를 반복하는 것이다.

## / '집중력 유지'와 '집중력 분배' /

앞서 말한 실행력은 집중력과 밀접한 관계가 있다. 일반적인 발달검사에서 실행력의 지표가 되는 것은 처리 속도다. 처리 속도에는 순차 처리와 동시 처리가 있는데 전자는 '집중력 유지'와, 후자는 '집중력 분배'와 깊은 관련이 있다.

ADHD는 집중력 유지가 힘들고, 자폐증은 집중력 분배를 잘 하지 못한다. 다시 말하자면 전자는 처리 속도 자체는 빠른 것 같은데 집중력이 떨어져서 실수를 하게 되는 것이고, 후자는 너무 꼼꼼하게 한 가지에만 매달리다 보니 처리 속도가 느려지는 것이다.

스크리닝 검사에서 ADHD 점수가 높은 사람은 처리 속도가 오히려 빠르다. 성인의 경우 특히 그렇다. 원래 ADHD는 실행력이 떨어지는 사람들인데 처리 속도가 높다는 것은 이상해 보인다. 왜 이런 일이 일어나는 걸까?

사실 ADHD에는 실행력이 떨어지는 타입 외에도 여러 타입이 혼재되어 있다. 기다리는 걸 힘들어하는 '지연 정보 장애', 시간 관리를 못하는 '시간 처리 장애'도 있다. 물론 둘 다 계획성과 관련 있는 거라 결국에는 실행력 장애라 생각할 수는 있다.

방금 전에도 말한 것처럼 '처리 속도'라는 지표에는 의사 결정이나 계획성, 유연성 같은 문제가 거의 반영되어 있지 않다. 처리 속도가 빠르다고 해서 정확하게 계획성 있게 판단해서 깔끔하게 처리하는 것은 아니기 때문에 스크리닝 검사만으로는 진짜 문제가 뭔지 알아낼 수가 없다.

또 한 가지 오류는 정말로 머리 회전이 빨라 처리 속도가 빠르게 나오는 사람도 스크리닝 검사로는 ADHD로 진단 받을 위험도 있기 때문이다. 이런 오류를 줄이기 위해서는 ADHD라는 증상에 의한 진단명이 아니라 '실행력 장애', '계획성 장애' 같은 세세한 분야에 대한 검사를 통해 진단을 내리는 게 좋다. 적어도 계획성이나 의사결정력에 문제가 없다면 그것은 장애라고 볼 수 없다는 걸 꼭 기억해야 한다.

### 처리 속도가 느려도 국립대학에 합격한 남자

등교 거부 때문에 상담하러 온 한 남자 고등학생은 웩슬러식 지능검사 결과 처리 속도는 80 정도였지만 이를 제외한 세 가지 지수 모두 110~120 정도로 우수했다.

그런데 이 학생은 이후 국립대학 이학부에 진학했다. 지각 추론이 120 이상이어서 처리 속도를 보완해주었다고 할 수 있다.

등교를 거부하는 또 다른 남자 고등학생도 있었는데, 그는 처리 속도가 더욱 낮은 70대 중반 정도였다. 언어 이해, 지각 추론은 평균(100)을 웃돌았지만 IQ 검사 결과가 평균치에도 이르지 못할 정도로 낮았다. 그런데도 그는 이후 국립대학 문학부에 진학했다. 이 두 사람의 공통점은 뭘까? 그것은 바로 집착이 강해 한번 붙잡은 일은 좀처럼 놓지 못한다는 것이었다. 두 사람의 사례는 처리 속도가 느리더라도, 노력 여하에 따라 좋은 결과를 낼 수도 있다는 걸 잘 말해준다.

## / ADHD가 의존증에 걸리기 쉬운 이유 /

실행력이나 처리 속도를 평가할 때는 실수가 많지는 않았는지, 시간이 얼마나 걸리는지 등이 기준이다. 또 실수 없이 정확하게 계산을 하거나 일 처리하는 것도 중요하지만 첫 단계에서 문제가 생기면 아무리 실행력이나 처리 속도가 좋아도 전부 다시 해야 하는 경우도 있다. 사실 인생에 막대한 손실이 생기는 것은 첫 단계 즉 의사결정이나 계획에서 실패했기 때문이 크다. 처리 속도가 빨라도 소용이 없다. 무리한 시도로 용두사미로 끝나는 경우가 많기 때문이다. 처리 속도 지수가 높을수록 ADHD일 확률도 높아지는 것은 의사결정력과 계획성에 문제가 있기 때문일 것이다.

　의사결정력이 저하된 상태에서 또 한 가지 조심해야 할 것이 바로 도박 의존증이다. 이뿐 아니라 모든 종류의 의존증이 마찬가지이다. 의존증을 갖고 있으면 정확한 판단을 하고 행동하는 게 힘들어진다. 제삼자가 보면 분명 손해 볼 행동을 하면서 자신의 인생을 파멸로 몰아간다.

　이 경우 의사결정이 왜곡되는 것은 보상 체계에 이상이 생겼기 때문이다. 의존하는 행위가 즉각적인 쾌감을 주기 때문에 정상적인 의사결정을 할 수 없는 것이다. 예를 들어 파친코 의존증을 보자. 얼마 전 데이터에 의하면 파친코 의존증 환자 한 명이 연간 쏟아붓는 돈이 평균 150만 엔 정도라고 한다. 20년 동안 이 돈이 쌓이면 손실은 3000만 엔이나 된다. 오랫동안 파친코 의존증에서 벗어나지 못하면 집 한 채 가격의 돈을 탕진한다는 통계가 있는데 그것과 일맥상통한다. 대개의 의존증 환자들은 이렇게 손해를 보면서도 거기에서 벗어나지 못한다. ADHD는 의사결정력이나 계획성이 약하기 때문에 뭔가 의존할 대상이 생겼을 때는 통제 불능 상태에 빠지기 쉽다.

## / 어떻게 해야 의사결정력을 높일 수 있을까? /

그러므로 이렇게 불행한 사태를 방지하려면, 의사결정력과 계획성을 높이는 것이 중요하다. 아무리 열심히 노력한다고 해도 처음부터 방향 설정이 잘못된 것이라면 무모한 행위로 끝나버리기 때문이다.

그렇다면 어떻게 해야 의사결정력과 계획성을 높일 수 있을까? 이미 과학적으로 그 효과를 입증해낸 것이 바로 마인드풀니스다. 3분 동안 마인드풀니스를 하는 것만으로도 정확한 의사결정에 도움을 준다고 한다.

이완된 자세에서 눈을 감고 크게 심호흡을 하면서 자신의 폐에 들어오는 산소를 있는 그대로 느끼면서 몸에 집중해본다. 이렇게만 해도 잡념이 사라지고 집중력이 좋아진다. 또 우울이나 불안 등의 감정도 한풀 가신다. 이처럼 마인드풀니스를 통하면 최소한 최악의 의사결정은 피할 수 있다. 제일 좋은 결정을 한다기보다는 최악을 피한다는 걸 기준으로 삼는다는 말이다.

부연 설명을 하자면 지금 우리는 예상치 못한 큰 위기를 겪고 있다. 신종 코로나 바이러스는 전문가 집단조차 예상치 못한 상태에서 전 인류의 생활 자체를 바꿔놓았다.

또한 IT 기술의 발달 덕분에 우리는 상상하지도 못할 만큼 편리한 세상에 살고 있지만 우울증이나 만성 불면증 등 많은 사람들이 상당한 부작용으로 힘들어하고 있는 것도 사실이다. 이런 상황에서는 미래를 계획하고 최선의 길을 찾는 것이 소용이 없을 때가 많다. 그러므로 최선의 길이 무엇인지 고민하기보다는 최악의 길을 피하는 게 무엇인지 고민하는 게 낫다는 말이다.


## / 때로는 복잡한 정보를
   차단하는 것이 답이다 /


또 지금 우리는 정보의 홍수 속에서 살고 있다. 마인드풀니스는 정보를 차단하여 우리 몸의 신경계에 고요함을 되찾아준다. 정보가 흘러넘치면 그것에 휘둘리면서 오히려 의사결정력이 약해지는 경향이 있다.

우리 뇌의 작업 기억 용량은 크지 않기 때문에 꼭 ADHD가 아니더라도 종합적으로 판단해서 적절한 결단을 내리는 게 쉬운 일은 아니다. 대개의 경우에는 가장 최근 알게 된 정보가 우리를 좌우하는 경향이 있다. 스스로는 자신이 결정을 내렸다고 생각할지 모르지만 실제로는 우연히 마지막으로 알게 된 정보를 자신의 결정이라고 착각하는 경우도 많다. 정보가 넘치면 넘칠수록 일단 정보로부터 마음을 분리시키고, 자신의 감각을 되찾는 것이 적절한 의사결정뿐 아니라 심신의 건강을 위해서도 중요하다.

구글 같은 IT 기업에서도 마인드풀니스를 적극적으로 활용하고 있는데, 복잡한 정보에 둘러싸인 모든 현대인들에게 필요한 치유 방법이다.


## / 중요한 결정을 급하게 내리는 이유 /

무엇을 선택할 것인가는 우리의 인생을 결정할 만큼 중요하다. 성공과 실패를 좌우할 만큼 중요한 프로세스지만 날카롭게 문제를 직시하고 스스로 납득할 때까지 고민해보고 결단을 내리는 건 생각보다 쉬운 일이 아니다.

의사결정력과 계획성이 약한 사람일수록 별생각 없이 중

요한 결정을 내려버리는 경향이 있다. ADHD 성향이 있는 경우에는 충동적이기 때문에 뭔가를 진득하게 기다리지 못하고 성급하게 결정을 내려버린다.

그러다 보니 뭔가를 잘못 결정하고 나서 몇 년씩 빚에 쪼들리는 경우도 있고, 배우자 선택을 잘못해서 천추의 한이 될 불행을 떠안기도 한다.

그러므로 이런 성향이 있다면 뭔가를 선택해야 할 상황에서 곧바로 결정을 내리지 않는 습관을 들여야 한다. 일단 결정을 미루는 것이다. 빨리 결정을 내려야 하거나 상대방이 재촉하는 상황에서도 "일단 검토해볼게요", "가족들과 상의해볼게요"라는 말을 던져보자. 만약 그래도 상대가 결정하기를 재촉한다면 뭔가 수상하다고 생각하는 편이 좋다.

또 중요한 문제를 결정할 때는 다음 두 가지를 기억해보자. 이것만 실천에 옮기려고 노력해도 큰 실패를 예방할 수 있다. 첫 번째는 자기 스스로 결단을 내리기 위해 사전 작업을 해보는 것이다. 일단 자신이 선택할 수 있는 여러 경우의 수를 노트에 적는다. 그리고 하나하나의 선택지에 대해 장점과 단점을 적어본다. 이때 현시점에서 본 장단점뿐 아니라 5년 후, 10년 후의 시점에서 본 장단점도 정리해보는 편이 좋다. 그러고 나서 선택의 하나하나에 점수를 매긴다. 장점은 플러스 점수를 주고, 단점은 마이너스 점수를 준다. 점수의 수치는 얼마나 플러스인지를 스스로 가늠해서 적어도 되지만 실제 비용이나 수치에 관련된 경우에는 그 금액을 적어도 된다. 점수를 환산한 후 수치가 더 높은 쪽이 나에게 유리한 선택지라고 생각하면 된다. 잠깐이라도 짬을 내어 계산해보면 보통은 내가 예상한 것과는 다른 점수가 나온다. 어떤 변화가 있었는지를 보면 내 마음의 흐름도 알 수 있다.

그리고 두 번째는 주변 사람들의 의견을 들어보는 것이다. 물론 믿을 만한 사람을 선택할 필요가 있지만 내가 듣기 싫은 말을 해줄 수 있는 사람도 한 명 정도는 추가하는 게 좋다. 그런 다음 이 사람들에게 들은 의견을 더해서 다시 한 번 아까 그 노트에 적어본다.

물론 사람들의 의견 중에는 내가 듣고 싶지 않은 내용도 있을 것이다. 하지만 그런 의견까지 들으면서 더 넓은 시각으로 장단점을 생각해볼 수 있다. 이렇게 하고 나서 최종 결정을 내리는 것이다.

## 의사결정을 위한 보조 툴(밸런스 시트법)

| 선택지 | | 현 시점 | 10년 후 시점 | 합계 점수 |
|---|---|---|---|---|
| (1) | 장점 | ①   점 | ①   점 | ※ 장점은 플러스 점수를 주고, 단점은 마이너스 점수를 준 후 점수를 합산한다. |
| | | ②   점 | ②   점 | |
| | | ③   점 | ③   점 | |
| | 단점 | ①   점 | ①   점 | |
| | | ②   점 | ②   점 | |
| | | ③   점 | ③   점 | |
| (2) | 장점 | ①   점 | ①   점 | ※ 장점은 플러스 점수를 주고, 단점은 마이너스 점수를 준 후 점수를 합산한다. |
| | | ②   점 | ②   점 | |
| | | ③   점 | ③   점 | |
| | 단점 | ①   점 | ①   점 | |
| | | ②   점 | ②   점 | |
| | | ③   점 | ③   점 | |

# / 좀처럼 의사결정을 내리지 못하는
세 가지 유형 /

충동성이 있는 사람이 성급한 결정을 내리는 반면, 그다지 중요하지 않은 문제도 좀처럼 결정을 내리지 못하는 사람도 있다. 이런 사람들 중에는 크게 세 가지 유형이 있다.

### ① 결단과 책임으로부터 도망치려는 '회피성 타입'

첫 번째는 회피성으로 이들은 책임지는 걸 싫어하기 때문에 자신이 처리해야 할 일이 늘어나는 걸 원하지 않는다. 또 실패했을 때가 두려워서 중요한 결정을 피해버린다.

이미 사귀기 시작했는데, 좀처럼 다음 단계로 나아가지 못하거나 상대가 자신을 진심으로 원하는지 헷갈려하는 경우가 종종 있다.

### ② 일상적인 행동에도 시간이 걸리는 '강박성 타입'

또 하나는 결단뿐만 아니라 일상적인 행동도 전반적으로 느리고, 무슨 일이든 꼼꼼히 하지만 시간이 걸리는 타입이다. 결정된 대로 따르려는 경향이 있고, 융통성이 없어서 절차를 생략하고 속도를 올린다거나 하는 걸 잘 못한다. 자신의 방식이나 현재의 상황을 바꾸는 것에 불안감이 강하고 새로운 변화나 도전 앞에서 꽁무니를 빼는 경우도 있다. 채근하면 더욱 혼란스러워하다 화를 내기도 한다.

일단 결단을 내리면 그 원칙을 계속 고수하는 성향이 있어서 그 점은 신뢰할 만하다.

### ③ 무슨 일이든 다른 사람에게 의지하는 '의존성 타입'

스스로 결정을 내리지 못하는 유형으로 무슨 옷을 살 건지, 저녁에는 뭘 먹을 건지를 고민할 때도 주변 사람들의 의견대로 한다. 스스로 결정하는 것에 자신이 없고, 상대방의 반응이나 평가에 신경을 많이 쓴다. 사주나 점, 타로 등에 지나치게 의존하는 것도 이 유형의 사람이다.

이들 세 가지 유형 중, 발달장애의 그레이존처럼 보이는 것은 ①과 ②인데, 주변 사람들이 과보호하거나 부모가 무엇이든 대신 결정해주다 보면 ③의 타입이 되는 경우도 있다. 부모에게 지배당하는 불안형 애착 스타일 중에는 ③의 유형이 많다.

어느 유형이든 큰 문제는 없어 보일지 모르겠지만, 축적된 의사결정이 그 사람의 인생을 만들어간다는 점에서 생각해 보면 ①과 ②의 유형에서는 인생의 가능성이 협소해질 우려가 있고, ③의 유형은 자신의 인생을 제대로 살아갈 수 없다. 자신이 어떤 유형인지 자각한 이후 행동의 폭을 조금씩 넓히려고 노력하는 것이 정말 중요하다.

①회피성의 경우에는 책임으로부터 도망치지 않고 문제와 마주하는 것이 인생을 바꿀 수 있고, ②강박성의 경우에는 반복했던 일이 아니라 새로운 일을 시작하는 용기를 내는 것이 키워드이다. 이 유형은 변화를 즐기게 되면 인생이 더욱 풍요로워지고 안정도 얻게 된다. ③의존성의 경우에는 스스로 결정을 내리는 것을 실천하는 게 좋다. 노트에 선택지를 적는 방법을 꼭 활용해보자.


/ 계획성을 강화하는 훈련 /


의사결정의 다음 단계에서 일의 성패를 좌우하는 중요한 프로세스가 바로 계획성이다. 이는 어떤 전략으로 계획을 세울 것인가, 좀 더 효과적이거나 효율성 좋은 방법은 없을까? 또 어떻게 시간 계획을 짜서 차근차근 행동에 옮길 것인가 하는 것들을 미리 고려하는 능력이다. 이것은 계획을 세우는 것부터 시작해서, 그 일에는 어느 정도의 시간이 필요하고 기한 내에 끝내려면 무엇을 얼만큼 해야 하는지 등등 모든 것을 총괄한다. 시험공부든, 사업이든, 출산이나 육아, 주택 구입이든 그 어떤 일도 계획 없이는 성공하기 힘들다.

그런데 중학교 입시의 경우, 가장 큰 문제는 모든 플랜을 학원이나 부모가 대신 짜준다는 것이다. 부모 입장에서는 아이에게 맡겨두었다가는 시간만 허비할 것 같아서 그러는 거겠지만, 계획성이라는 재능을 키울 기회를 놓치게 되는 결과로 이어진다. 자발적으로 공부하는 습관이 아니라 그저 학원 선생님이나 부모가 결정한 스케줄대로 공부하는 습관을 들이게 되는 것이다.

중학교 입시를 계기로 공부의 재미에 눈뜨는 아이보다 학습 의욕이 꺾이는 아이가 많은 것은 바로 이 때문이다. 미래를 생각한다면 스스로 공부 계획을 짜도록 유도하는 게 현명한 선택이다. 또한 어린 시절부터 자신의 물건이나 용돈을 스스로 관리하도록 하거나, 여행 갈 때 계획을 세우고 여름방학과 겨울방학의 스케줄을 짜보게 하는 등, 계획의 즐거움을 느끼게 하는 것이 좋다.

## / 약물 요법은 위험하다 /

ADHD를 치료하기 위해서 약물 요법을 선택하는 경우가 많은데, 나이가 어리거나 투여 초기에는 효과를 거둘 수 있을지 모르지만, 점점 듣지 않는 경우가 많다. 효과가 없기도 하고 나중에는 우울증이나 무기력, 불안감 같은 부작용이 생겨서 중단하는 케이스도 생긴다.

가장 안전하면서도 효과가 있는 것은 바로 뉴로피드백(neurofeedback) 훈련이다. 이것은 뇌파를 모니터하면서 집중과 이완하는 연습을 하고, 스스로 현재 상황을 제어하는 능력을 키우는 방법이다. 약물 요법보다 이 방법이 학업 성적 개선에 효과가 있는 것으로 알려져 있다.

한편 부모의 말이면 무엇이든 다 들으려다가 악순환을 만드는 경우도 많은데, 그럴 경우 부모가 먼저 심리 트레이닝을 받는 게 좋다. 부모가 자녀와 어떻게 하면 애착 관계를 잘 맺을 수 있는지를 먼저 훈련하고 실천하기 위해 노력하면 심각했던 문제도 점점 누그러지게 만들 수 있다.

# 8장

# 몸의 움직임이 어색한 사람

운동신경이 커뮤니케이션 능력과 밀접한 이유

나 는   왜   사 는   게   힘 들 까 ?

## / '발달성 협조운동장애'란? /

지금까지 이야기한 자폐증, ADHD, 학습 장애(LD)나 지적 장애 등의 그레이존에 나타나는 증상 중 하나는 운동에 서툴거나 균형 감각에 문제가 있다는 것이다. 중추신경의 발달 단계에서 전체적으로 뇌의 발달이 더디게 진행되기도 하고 대뇌에 비해 소뇌의 발달이 더뎌지기도 하는 등 여러 가지 경우가 있는데 머리는 좋지만 행동이나 걸음걸이, 자세 같은 몸의 움직임이 어색해지는 게 특징이다.

물론 운동 능력이나 손재주가 없는 것만으로 발달장애라

고 할 수는 없지만 어릴 때 유독 이런 특징을 보이는 경우에는 '발달성 협조운동장애'라는 진단을 내리는 경우가 있다. 협조운동이란 좌우 손발을 같이 움직이는 것을 말하는데, 손을 흔들며 걷는 것도, 가위를 사용해 종이를 자르는 것도, 사과 껍질을 깎거나 줄넘기를 하는 것도, 구기 종목의 운동을 하거나 춤을 추는 것도 모두 여기에 해당된다.

발달성 협조운동장애란 그 나이대에 기대할 수 있는 협조운동을 제대로 수행할 수 없는 경우 혹은 나이가 들었어도 좀처럼 이런 활동을 할 수 없는 경우를 말한다. 이렇게 심각한 경우 외에도 이를테면 물건을 잘 떨어뜨린다거나, 어딘가에 부딪혀 자주 멍이 들거나, 자전거를 잘 못 타거나, 아무리 연습해도 악기나 게임 실력이 늘지 않는 경우 등등을 꼽을 수 있다. 한 마디로 말하자면 몸을 움직이는 것에 서툴다는 것인데, '서툴다'는 말에는 부정적인 이미지가 강해 '발달성 협조운동장애'라는 진단명을 사용하게 된 것 같다. 물론 '서툴다'는 말과 '발달성 협조운동장애'라는 말 중 어느 것이 더 듣기 좋은가는 미묘한 문제일 것이다. 서툴다고 하면 그저 개인의 특성이나 개성이라 생각할 수 있지만 일단 의학적인 명칭을 붙여버리면 빼도 박도 못하게 장애로 인식되기 때문에 오히려 '서툴다'는 말이 더 듣기 좋다고 생각할지도 모르겠다.


## / 협조운동을 잘하고 못하고는
  발달장애의 좋은 지표가 된다 /

이런 증세가 심한 사람은 그레이존으로 의심해볼 여지가 상
당히 많다.

　동화작가이자 시인인 미야자와 겐지宮沢賢治, 1896~1933, 『은하철도
의 밤』 등을 쓴 일본의 작가, 시인, 화가, 교육자 – 옮긴이는 운동을 못했고, 추리작
가인 에도가와 란포江戸川乱歩, 1894~1965, 일본 추리문학의 아버지로 불리는 소설
가 – 옮긴이 역시 체육 때문에 애를 먹었다. 일본을 대표하는 작가
중 하나인 가와바타 야스나리川端康成, 1899~1972, 소설 『설국』을 쓴 일본의
노벨문학상 수상자 – 옮긴이도 체육과 수학은 엉망이었다고 한다. 일론
머스크 역시 운동은 꽝이었고, 그림을 잘 그렸던 월트 디즈니
Walt Disney, 1901~1966, 미국의 영화 제작자 – 옮긴이 또한 운동신경은 그리 좋
지 않았다. 하지만 담임 선생님의 적극적인 지도 덕분에 월트
는 딱 한 번 릴레이 경주에서 우승한 적이 있었다. 자신을 계
속 응원해주었던 그 선생님에 대한 은혜를 잊지 않고 월트는

평생 편지를 보내면서 연락했다고 한다.

협조운동에 서툰 사람 중에는 걸음이 느리거나 블록 쌓기를 잘 못하거나, 가위 사용법, 연필이나 젓가락 쥐는 법이 이상한 경우가 많다. 혹은 단추를 본인 스스로 채우지 못하기도 하고, 옷을 갈아입지 못하거나 신발 끈을 잘 묶지 못하는 경우도 있다. 균형 감각에 문제가 있는 경우에는 걸음걸이나 달리는 모습만 봐도 뭔가 어색한 느낌이 드는데, 이를 진단해볼 수 있는 검사로는 폐안 스테핑(閉眼 stepping)이 있다.

쉽게 말하면 두 팔을 크게 흔들며 계속 제자리걸음을 걷다가 어느 순간 눈을 감으라고 말하는 것이다. 이때 협조운동이 부자연스러운 아이는 손과 발의 균형이 틀어질 뿐만 아니라 좌우 어느 쪽인가로 회전하기 시작한다.

또 협조운동장애와 긴밀한 관련이 있는 것 중 하나가 안구 운동장애이다. 손가락 끝을 천천히 좌우로 움직여 눈으로 좇게 하면 안구 운동장애가 있는 아이는 부자연스러워지면서 좇지 못하고, 멈추거나 갑자기 반대로 움직이는 등 어색한 움직임을 보인다. 이렇게 눈동자의 추적 운동을 자연스럽게 하지 못할 경우 글씨를 읽거나 옮겨 적는 등, 섬세한 작업을 제대로 못하는 원인이 된다.

운동이나 춤을 못 춰도 체육시간만 없다면 일상생활에 지장은 없지만, 만약 글씨를 쓸 때마다 악필이어서 부정적인 평가를 받으면 글씨를 쓰는 행위 자체에 괴로움을 느끼는 경우도 있다. 이렇게 말하는 나 역시 악필로 어린 시절부터 상당히 고생을 했다. 같은 내용을 쓰더라도 글씨를 예쁘게 쓰는 아이는 교사의 평가가 높고, 반대로 글씨를 못 쓰면 아무리 내용이 좋더라도 '이 악필은 뭐냐'라는 핀잔만 듣는 경우가 많다.

20대 무렵 소설가 지망생이었던 나는 신인상에 몇 번인가 응모한 적이 있는데, 처음에는 육필원고를 냈기 때문인지 1차 예선조차 한 번도 통과한 적이 없었다. 워드 프로그램을 사용한 건 30대부터였는데 그제야 비로소 1차 예선을 통과했다. 그리고 최종 후보에 오를 때까지 그야말로 7, 8년이 걸렸다. 만약 워드 프로그램이 발명되지 않았다면 작가의 끝자락에도 오르지 못했을 것이다.

그런데 이후 의사로 일하면서 필체에 대한 편견에서 벗어나는 경험을 하게 되었다. 바로 의료소년원에서 근무할 때 겪었던 일이다. 그곳에서 일하는 의사들은 대부분이 교토대학 의학부 출신이었는데 대체로 전부 진료기록부에 글씨를 너무 못 썼다. 심지어 나보다 더 악필인 의사가 두 명이나 있었다! 핵심은 이 두 사람이 전부 의사와 연구자로서 우수한 사람들이었다는 것이다. 특히 그중 한 사람은 이후에 교토대학 의학부 교수까지 맡게 된 인재였다. 나는 두 사람을 보고 나서 살짝 안도하는 동시에 지적 능력과 필체는 그다지 관계가 없구나 라는 생각을 하게 되었다.

그러므로 혹시 발달성 협조운동장애가 있더라도 너무 심각하게 생각할 필요는 없을 것이다. 물론 제대로 된 훈련을 받아서 미리 교정할 수 있다면 그 편이 훨씬 낫다. 여기서 나의 경우를 이야기하자면 나의 필체가 조금 괜찮아진 것은 연애편지를 쓰기 위해 스스로 펜글씨 연습을 하고 나서부터다. 너무 형편없는 글씨로 편지를 쓰면 나를 상대해주지 않을 것 같아서 용기를 냈던 것이다. 안타깝게도 그 사랑의 결실은 맺지 못했지만 그 이후 내 악필은 조금씩 나아졌다. 발달성 협조운동장애는 고유감각과 전정감각前庭感覺, 고유감각과 함께 숨겨진 감각으로, 모든 활동의 기초가 되는 움직임, 중력, 머리의 위치 변화 등에 대한 정보를 제공하여 움직임의 방향, 속도, 정기 및 상태 등을 알게 하는 감각 – 옮긴이에서 문제가 생기는 경우도 많다.

고유감각이란 자신의 몸 위치나 각도를 지각하는 감각이다. 고유감각이 약하면 주위 사람들이나 사물의 거리를 착각해서 잘 부딪히거나 손발을 자유자재로 움직이지 못해서 운동 기능이 떨어진다. 또한 자세를 오래 유지하는 것도 잘 못한다. 너무 부산하게 움직이는 다동(多動) 증상과는 다른 상태이고 이에 따른 대처법도 다르기 때문에 둘은 구분하는 것이 중요하다.

## / 몸의 움직임이 커뮤니케이션을 좌우한다고? /

발달성 협조운동장애는 소뇌나 전정기관의 문제뿐만 아니라 좌우 뇌를 연결하는 뇌량의 발달, 그리고 시각과 운동을 통합하는 대뇌피질 영역의 작용과도 관계가 있다. 또한 시공간적인 작업 기억과도 관계가 있다. 춤이나 안무 같은 특정 동작을 순서대로 빨리 익히기 위해서는 눈으로 보고 그 움직임을 기억할 필요가 있는데, 이때 필요한 것은 숫자나 언어를 기억하는 청각적 작업 기억과는 또 다른 능력이다.

협조운동은 사회성과 커뮤니케이션 스킬과도 관련이 있다. 몸의 운동 기능이 사회 활동에도 영향을 미치는 것이다. 걸음걸이나 보디랭귀지가 어색하면 상대방에게 불쾌한 인상을 주면서 조롱의 대상이 되기도 한다.

그래서 발달성 협조운동장애인 경우에는 운동신경이 떨어지는 문제만 있는 게 아니라 커뮤니케이션이나 대인관계가 부자연스러운 경우가 태반이다. 이는 협조운동 능력을 모든 발달에 관련한 문제에서 지표이자 바로미터로 삼는 이유이다. 그러므로 이와 관련된 운동 능력만 개선해도 제법 많은 문제가 해결되고 사회성과 커뮤니케이션 능력도 좋아지는 결과를 낳는다.

### 노트 필기가 힘든 중학생

중학교 1학년인 R군은 칠판의 내용을 노트에 적는 게 힘들었다. 칠판에서 노트로 시선을 옮기는 동안 내용을 잊어버렸기 때문에 똑같이 옮겨 적을 수가 없었다.

늘 노트가 꾸깃꾸깃 구겨져 있는 상태에서 시간도 너무 빨리 훅 지나가버렸다. 안구 운동이 자연스럽지 않다는 지적을 받고 눈 훈련(비전 트레이닝)을 받은 적도 있었다. 그 효과 때문인지 예전보다 글씨를 잘 쓰게 되었고, 글자도 자연스럽게 읽을 수 있게 되었다. 하지만 노트 필기만은 도무지 잘할 수가 없었다. 그의 어머니는 이미 아이가 개선의 여지가 없자 체념까지 한 상태였다.

R군의 발달 지원을 담당했던 심리 스태프는 그의 몸 움직임이 약간 부자연스럽다는 것을 발견했다. 손과 발의 움직임과 좌우 움직임이 뒤죽박죽이어서 편안해 보이지 않았던 것이다. 심리 스태프는 그가 노트 필기를 잘하지 못하는 게 단순히 안구 운동을 잘하지 못하기 때문이 아니라 손과 눈의 움직임이 연동되지 않기 때문이라고 생각했다. 안구 운동을 열심히 한다고 해서 해결되는 문제가 아니고 몸을 함께 움직여야 될 것 같아서 브레인 짐(Brain Gym, 미국의 교육학 박사인 폴 데니슨Paul E. Dennison 씨가 개발한 뇌를 활성화시키는 체조)을 포함한 세션 프로그램을 만들어 재활훈련에 도입했다.

역시나 R군은 브레인 짐의 기본적인 동작도 따라 하지 못했다. 처음에는 몸이 생각처럼 잘 움직이지 않자 R군은 화를 내며 의욕을 잃기도 했지만 담당 스태프는 그에게 "잘하고 있어! 조금씩 좋아지고 있어!"라고 매일 격려하며 훈련을 지속했다.

그러던 어느 날, 그의 어머니가 찾아와 환호성을 질렀다. R군이 어느 순간부터 갑자기 노트 필기를 할 수 있게 되었다는 것이다. 나를 포함해 그를 담당하던 상담사도 놀라지 않을 수가 없었다. 이 사건을 계기로 R군은 공부에 대한 의욕도 생기고 삶 자체가 긍정적으로 변화하기 시작했다.

## / 뇌의 통합을 돕는 훈련은? /

구기종목의 운동이나 체조, 수영 등을 어린 시절부터 배우는 것은 협조운동의 개선에 매우 효과적이다. 피아노나 전자오르간은 좌우 손을 다르게 움직이는 동시에 페달도 밟아야 하므로, 이런 활동도 좌뇌와 우뇌의 통합적인 발달을 촉진한다.

실제로 아무리 운동신경이 둔해도 어린 시절부터 배운 악기나 기술 같은 것에는 꽤 숙달된 실력을 보이는 케이스가 적지 않기 때문에 어린 시절에 협조운동이 약간 힘들더라도 훈련을 통해 극복하는 것이 가능하다. 어린 시절엔 운동신경이 둔했는데, 연습을 거듭하면서 프로 스포츠 선수로 활약하는 사람도 있다. 또 나이가 든 이후에 운동을 시작하고 나서 효과를 본 사람도 많다. 내 주변에서도 관찰해보면 어린 시절에는 매사에 서툴렀던 사람이 어른이 되어 외과의사로 훌륭하게 활약하는 사례가 의외로 많다.

'나는 어차피 몸치니까 운동은 포기하자'라고만 생각하면 변화는 생기지 않는다. 그저 힘들다는 마음과 회피하는 습관만 나를 지배하게 된다. 숙련된 실력을 가지려면 훈련이 중요한 것이다. 한 음악 학교 학생들을 대상으로 한 연구에 따르면, 똑같은 능력을 가진 사람을 대상으로 했을 때 프로 영역에 도달할 수 있는지, 아마추어 영역에 머무를지를 결정하는 것은 연습량이 결정적이었다고 한다. 프로급 실력을 갖춘 학생은 20살이 될 때까지 누적 연습 시간이 1만 시간인 데 비해 평범한 실력의 학생은 2000시간 정도였다는 것이다. 천재로 태어난다기보다는 노력이 천재를 만드는 것이다.

세계적으로 큰 성공을 거둔 영화 〈해리 포터〉 시리즈에서 해리 포터 역을 맡았던 배우 대니얼 래드클리프(Daniel Jacob Radcliffe)는 자서전에서 자신이 발달성 협조운동장애가 있다는 걸 고백했다. 래드클리프는 7살 때 '실행증(失行症)'이라는 진단을 받았는데 당시 영국에서는 발달성 협조운동장애를 그렇게 불렀다. 그는 어린 시절부터 자전거를 잘 타지 못했고, 수영도 못했으며, 신발 끈을 묶는 것조차 너무 힘들었다고 털어놓았다.

그런 래드클리프도 배우로 활약하며, 영화 안에서는 액션 장면을 연기하기 위해 노력했던 것이다. 이렇게 배우로 활약한 것이 그에게 정말 좋은 훈련이 되어주었다.

# 9장

# 공부를 힘들어하는 사람

작업 기억이 우리 삶에 미치는 영향

나는 왜 사는 게 힘들까?

## / 공부가 힘든 다섯 가지 원인 /

공부를 힘들어하는 경우에도 그 유형은 여러 가지인데 크게 다섯 가지 정도로 생각해볼 수 있다.

첫 번째는 지적 능력이 전반적으로 낮은 경우인데, '지적 장애'라고 부른다. 의외로 알아채기가 힘들어 지원 대상에서 자주 누락되는 것은 지능 그레이존인 '경계 지능'의 경우다. 두 번째로 언어 능력만 낮은 경우가 있는데 이는 '언어 장애'라고 한다. 수학은 잘하는데, 국어나 사회 과목에 젬병인 경우, 말을 더듬거리는 경우에 의심해볼 수 있다. 세 번째는 전반적인 지능은 정상 범위 안에 있는데, 어떤 특정 영역의 학습 능력이 극단적으로 낮은 경우이다. 이를 '학습 장애'라고 한다. 여기서 말하는 학습 장애는 공부를 못한다는 의미가 아니다. 이를테면 한자(漢字)를 못 쓰거나, 문장을 잘 읽지 못하거나, 수치 계산을 못하거나 하는 식으로 특정한 어떤 한 영역에 극단적으로 약한 것을 말한다. 그래서 '국한성 학습 장애'라는 용어도 사용한다. 네 번째는 지적 능력 자체의 문제라기보다 집중력이 약하거나 제출 기한 마감일을 지키지 못하는 경우로 ADHD가 그 대표격이다.

다섯 번째도 지적 능력 자체에는 문제가 없지만 특정 분야에 대한 집착이 강하고 관심이 편향되다 보니 성적이 좋지 않은 경우인데 대표적인 케이스가 자폐증이다.


## / 지적 장애라는 걸 알아채기 어려운 경우 /


아이에게 지적 장애가 있다는 걸 일찍 알아챈 경우에는 오히려 여러 지원을 받을 수 있으므로, 장애가 있더라도 그 아이 나름의 페이스대로 성장할 수 있다. 그보다는 지적 장애라는 걸 모른 채 일반 학교에서 무리하게 교육을 받거나 혹은 지적 장애는 아닌데 경계 지점에 해당하는 경우이다. 대개 어떤 부분에서 뛰어난 재능을 보이면 다른 분야도 잘할 거라고 지레짐작하기 때문에 지적 장애가 있다는 사실조차 알아채기 힘들다. 이를테면 언변이 좋고 사회성도 좋으면 지적 장애가 있을 거라고 전혀 예상하지 못한다.

하지만 지각 추론이나 작업 기억이 낮을 경우 학습 내용이 심화될 때 잘 따라가지 못한다. 왜 그러는지 주변 사람들은 의아해하지만, 지능검사를 해보고 나서야 비로소 장애가 있다는 것을 알게 된다.

경계 지능은 IQ가 70~80(85까지 포함하는 경우도 있다) 정도인 경우를 말한다. 전체의 20% 가까운 사람이 여기에 해당한다. 이들 중 초등학생 때까지는 성적이 좋은 경우도 있다. 하지만 공부 내용이 어려워지고, 추상적이거나 고도의 이해력이 필요하면 진도를 따라가는 것조차 힘겨워한다. 노력만으로는 해결할 수 없는 문제가 있기 때문이다. 또한 주변에서 너무 큰 기대를 하는 바람에 오히려 힘들어지기도 한다. 일방적으로 기대하고 강요하는 부모와 갈등이 생겨 일탈하는 경우, 게임 중독이나 약물 중독, 반복되는 연애 등에 빠지기도 한다. 공부로는 좋은 결과를 만들어낼 수 없다는 좌절감이 다른 형태로 표출되는 것이다. 기대에 짓눌려 아예 집에만 틀어박히기도 한다. 이런 경우에는 부모의 과도한 기대만 중단시켜도 상태가 나아지는 경우도 많다.

## 의학부 말고는 선택지가 없었던 청년

Y군은 아버지와 할아버지 모두 의사라, 어린 시절부터 의사가 되는 것을 당연하게 생각하는 환경에서 자랐다. 초등학생 때까지는 기대에 부응하며 나름대로 성적도 좋아서 사립 명문 중학교에 들어갔다. 그런데 중학교에 들어간 이후부터 서서히 성적이 정체되었고, 그에 따라 부모와의 관계도 어색해졌다. 아버지는 노력이 부족하다며 공부법이나 공부 시간까지 간섭하기 시작했고, 공부에 전념하라며 동아리 활동도 금지했다. 하지만 Y군의 성적은 떨어져만 갔다. 공부에 대한 의욕도 사라져 고등학교 1학년 2학기부터는 등교하지 않는 날이 더 많았다. 이대로 가면 의대 진학은커녕 고등학교도 졸업할 수 없을 것 같아서 부모가 아들을 데리고 병원에 상담하

러 온 것이다. 혹시나 해서 발달검사를 실시한 결과 알
게 된 것은, Y군의 IQ가 생각보다 훨씬 낮은 80대 초반
이었다는 것이다. 언어 이해는 90대였지만, 지각 추론이
나 처리 속도는 70대였다. 의욕이 저하된 상황에서 받은
검사라 당연히 수치가 낮을 수 있다고도 생각했지만 그
래도 Y군은 오랫동안 자신의 능력에 비해 무리하고 있
었던 것이다. 아이의 특성이나 능력은 무시한 채 의대에
들어가는 것만을 지상 과제로 하달하면서 부담을 줬던
것이다.

이런 현실을 알게 된 부모는 과도한 기대를 내려놓고
먼저 아이의 기분이나 의사를 존중하는 태도를 취했다.
그러자 Y군은 서서히 밝은 기운을 되찾고 다른 고등학
교로 전학한 후 예술 쪽으로 진로를 변경했다. 원래 그쪽
방면에 소질이 있었던 것이다. Y군의 경우에는 미리 문
제를 발견하고 진로 변경을 해서 문제를 최소화할 수 있
었지만, 그렇지 않은 경우에는 무리해서 적성에 맞지 않
은 의대에 진학했다가 결국에는 자신과 맞지 않는 직업
이라는 것을 깨닫고 의사가 되기를 포기하기도 한다. 이
런 비극을 방지하기 위해서라도 부모의 일방적인 기대

가 아닌 아이가 진짜 원하는 게 뭔지에 관심을 가질 필요가 있다.

가 있다.

### 등교 거부로 시작해서 히키코모리가 된 여성

M씨는 매사에 소극적인 조용한 20대 여성이다. 초등학교 고학년 때부터 학교를 자주 빠지다가 중학교에 들어가고 나서부터는 거의 나가지 않았다. 그 이후 통신 고등학교 졸업 후 아르바이트를 시작했지만 어디를 가도 오래 버티지 못하자 결국 자신감을 잃고 히키코모리 상태가 되었다. 취직도 안 하고 집에 틀어박혀 있는 그녀에게 가족들이 눈치를 주자 어느 날, 수면제를 다량 복용하고 자살을 시도했다. 위험해지기 전에 발견되어 치료를 받았고 이후 조금씩 건강을 되찾았지만, 좀처럼 일할 마음은 나지 않았다. 아르바이트조차 자기 뜻대로 잘 되지 않아 자신감을 완전히 잃었을 뿐 아니라 일하는 것 자체가 트라우마가 되어버렸다.

M씨는 홀어머니 그리고 할머니와 살았는데 경제적으

로 힘들었기 때문에 두 사람이 늘 돈 문제로 다투는 걸 보고 자랐다. 그 때문에 직장을 구해서 독립해서 살고 싶은 마음도 없지 않았다. 그녀는 다시 건강을 회복하자 미래를 계획하기 위한 발판으로 발달검사를 받아보았다. 그 결과 자신의 IQ가 70대 초반이라는 것을 알게 되었다. 지적 장애의 경계선이 IQ 75인 점을 감안하면 가벼운 지적 장애에 해당되었다. M씨는 소극적이기는 했지만 질문에 꼬박꼬박 대답하고 배려심도 있는 여성으로, 검사를 받기 전까지는 그런 문제가 있는 것처럼 보이지 않았다. 그러나 그녀의 IQ 수치를 보면 왜 학교에 가기 싫어했고 등교 거부까지 하게 되었는지, 왜 아르바이트를 하는 것도 힘들어했는지가 이해가 됐다. 불안했기 때문이기도 하지만 학습 진도를 따라가지 못하니까 수업이 재미없었고, 일을 배울 때도 작업 순서를 머릿속에 쉽게 입력하지 못해서 우왕좌왕하다가 관리자에게 지적을 당하면서 지레 포기했을 것이다. 만약 본인의 문제가 뭔지 정확하게 깨닫고 주변 사람들의 도움을 받았더라면 상황은 변했을지도 모른다.

그 이후 M씨는 정신 장애자 보건복지수첩을 취득했

고, 근로 이행 지원을 거쳐 장애인 수준에서 할 수 있는 업무에 채용되었다. 적응하는 데 시간이 좀 걸리긴 했지만, 지금은 일에 숙달되어 직장 이야기를 즐겁게 할 수 있게 되었다. 일을 하게 되면서 가족과도 약간 거리를 둘 수 있게 되어 오히려 편해진 것 같았다. M씨처럼 경계 수준의 지적 장애에 해당되는 사람들 중에는 이를 전혀 파악하지 못한 채 힘들어하는 경우가 적지 않다. 검사를 통해 자신의 상황을 빨리 파악한 후 도움을 받는 것이 정말 중요하다.

## / 공부는 힘들어하지만
## 실습은 좋아하는 사람 /

또 하나, 공부를 힘들어하는 원인 중 하나가 학습 장애다. 학습 장애는, 지적 능력은 낮지 않은데 이를테면 책 읽는 것을 잘 못하거나 계산 같은 특정 영역에만 약한 경우를 말한다. 한 가지에만 약한 경우도 있고, 몇 가지 영역에 걸쳐서 약한 경우도 있다. 그래도 지적 능력이 정상 범위라는 것은 다른 영역에서는 우수한 능력을 갖고 있다는 뜻이다. 작업 능력에 장점이 있거나 시각 공간적 능력이 좋거나, 운동이나 공작, 기술, 예술, 연극 등의 분야에 우수한 경우도 있다. 장인이라 불리는 직업을 가진 사람이나 기술자, 아티스트, 시인 같은 예술인들 중에는 학습 장애 혹은 그와 비슷한 경향을 가진 사람이 적지 않다.

이런 걸 보면 사람의 능력은 고르게 발달하는 것보다 울퉁불퉁해야 특별한 능력이 생기는 것 같기도 하다. 예를 들어 '시각·공간형'이라 불리는 타입은 언어로 생각하거나 표현하는 것은 힘들어하지만 눈이나 손발, 몸을 사용해서 표현하는 데는 능숙하다. 책상 앞에 앉아 있는 건 적성에 안 맞지만 실습 시간이 되면 활기차게 실력을 발휘하는 타입인 것이다. 여기에 해당하는 사람들 중에는 특별한 재능을 갖고 있는 경우가 많다.

예를 들어 시인인 가네코 미쓰하루金子光晴. 1895~1975. 일본의 반권력적인 신상징주의 시인 - 옮긴이는 학교 수업에는 잘 따라가지 못했지만 기하학과 그림에는 뛰어난 재능을 보였다. 〈작은 가을을 발견했다〉 등의 작품으로 유명한 동요 작가이자 시인인 사토

하치로サトウハチロー. 1903~1973 – 옮긴이는 어머니를 버린 아버지에게 반항하여 비행을 저질렀고, 악명 높은 불량배가 되었지만 다른 한편으로는 야구를 좋아하는 소년이기도 했다.

『네버엔딩 스토리』 같은 환상적인 아동문학의 금자탑을 세운 독일의 작가 미하엘 엔데Michael Ende. 1929~1995 – 옮긴이는 정말 학교를 싫어하는 불량학생이었다. 그는 고전에도, 수학에도 재능이 전혀 없어서 낙제 수준이었지만 유일하게 그림을 좋아해서 미술 성적이 좋았다. 작품을 채색하는 그 풍요로운 상상력은 시각 · 공간 능력이 뛰어났기 때문이었을 것이다. 이런 유형의 재능을 끌어내기 위해서는 공부를 강요하기보다는 그가 좋아하는 적성을 발견해서 기술을 익히도록 도와줘야 한다. 자신이 하고 싶은 일을 추구하는 과정에서 타고난 재능이 꽃을 피워 큰 변화를 이루어내기도 한다.


/ 학습 장애인데 처리 속도는 빠른 사람 /


학습 장애가 있으면 언어 이해나 작업 기억이 약한 대신 처리 속도가 빠른 경우가 많다. 처리 속도는 비교적 단순한 과제를 재빨리 처리하는 능력이지만, 그것이 다른 것보다 훨씬 높다는 것은 거꾸로 말하면 언어 이해, 지각 추론 같은 복잡한 지식이 필요한 일을 힘들어한다는 뜻이기도 하다. 예를 들어 영어나 수학 같은 과목은 힘들어하던 아이가 단순한 작업은 척척 해내는 것이다. 이들 중에는 학창 시절엔 공부 때문에 괴로워하다가 나중에 자신에게 맞는 직업을 갖게 되면 비로소 승승장구하는 경우가 적지 않다.

이렇게 다른 능력은 없고 처리 속도만 빠른 경우에는 정도의 차이는 있지만 사회적 커뮤니케이션이 힘든 경우가 많다. 언어 이해나 작업 기억이 약하고, 언어를 자유자재로 구사하거나 이야기의 내용을 파악하는 것도 힘든데 지각 추론마저 약하기 때문에 사회적 커뮤니케이션에 문제가 생길 수밖에 없다.

이중에는 자폐증 성향을 가진 경우도 있다. 또 이들 중에서도 처리 속도가 상대적으로 느린 타입, 즉 언어 · 기억 우위 유형으로 이론만 앞세우는 타입과 처리 속도가 상대적으로 빠르고 단순 작업을 잘하는 타입이 있다. 같은 자폐증이더라도 이처럼 크게 다를 수 있기 때문에 직업을 선택할 때도 이런 점을 고려하는 것이 정말 중요하다.

## / 학습 장애의 여섯 가지 영역 /

앞서 이야기했지만 학습 장애는 어떤 특정 영역에서 학습 능력이 극단적으로 낮은 경우를 말하는데 크게 다음 여섯 가지 장애가 있다.

① 문자 읽기 : 음독을 힘들어하는 경우 가장 현저히 나타난다.

② 문장 이해 : 독해력이 약해 문장의 의미를 이해할 수 없다

③ 철자 기억 : 문자를 쓰는 걸 힘들어해서 한자를 잘 못 쓰거나 알파벳 철자를 기억하지 못한다.

④ 작문 : 생각을 문장으로 표현하거나 문법에 맞는 정확한 표현을 잘하지 못한다.

⑤ 숫자 이해와 계산 : 숫자에 대한 이해도가 떨어지고 계산을 잘 못한다.

⑥ 수학적 추론 : 어떤 글에 제시된 정보를 정리하고 표를 만들거나 퍼즐 형태의 문제를 잘 풀지 못한다(수학의 응용문제, 사고 문제가 극히 어렵다).

①②를 합쳐서 '읽기 장애', ③④를 합쳐서 '쓰기 장애', ⑤

⑥을 합쳐서 '산수 장애'라는 용어도 사용한다.

배우 톰 크루즈의 경우에도 어렸을 때 읽기를 잘 못했다고 한다. 그는 초등학교 1학년 때는 읽기 장애라는 진단까지 받았다. 또 화가 피카소는 읽기 장애뿐 아니라 계산까지 못하는 산수 장애까지 있었다. 월트 디즈니는 그림 그리는 일과 학예회 연극 말고는 관심이 없어서 읽기, 쓰기, 산수 같은 과목의 점수가 형편없었다. 읽기와 쓰기, 계산은 잘하더라도, 독해를 힘들어하거나 작문을 못하는 아이, 수학의 응용문제나 사고 문제를 풀지 못하는 아이는 수두룩하다. 이런 아이들의 경우에는 매우 극단적인 상황이 아니라면 그레이존에 속한다고 볼 수 있다. 최근에는 전반적으로 문해력이 떨어지는 아이들이 많다 보니, 이에 대해 효과적인 대책이 없을까 생각하는 사람도 늘고 있는 추세다.


## / 학습 장애와 작업 기억 /


학습 장애에는 여러 문제가 뒤엉켜 있어, 하나의 능력만으로는 판단할 수 없지만 특히 언어 이해와 작업 기억이 큰 영향을 미친다.

작업 기억이 저하되면 숫자나 언어를 오래 기억하는 것이 힘들기 때문에, 문장을 이해하는 능력이나 계산 능력이 떨어질 수밖에 없다. 특히 몇 단계씩 처리해야 하는 계산 수식이나 긴 문장을 이해하는 것은 어렵다.

작업 기억은 일시적으로 기억을 보존하는, 뇌의 메모지 같은 역할을 하지만 단순히 기억뿐만 아니라 이해하거나 사고할 때도 최대한 활용된다. 이를테면 컴퓨터의 CPU(중앙연산처리장치) 같은 역할을 담당한다고 할 수 있다.

CPU의 용량이 크고 성능이 좋을수록 빠른 속도로 정보를 처리할 수 있지만 그 반대의 경우에는 컴퓨터가 일시 정지하는 사태가 벌어지기도 한다. 작업 기억도 사람에게 같은 맥락으로 작동한다.

긴 독해나 작문, 수학의 응용문제처럼 많은 정보로부터 필요한 정보만을 추출하거나, 사고를 논리적으로 전개하고 몇 가지 요소로 전체를 구성하는 일에는 작업 기억의 용량과 성능이 큰 영향을 미친다.

## / 작업 기억이 약하면 무슨 일이 벌어질까? /

지능에는 지식 같은 선험적인 축적에 의해 획득하는 '결정성 지능'과, 지금 눈앞에 있는 정보를 재빨리 파악해서 과제를 처리하는 '유동성 지능'이 있다. 이 두 지능의 근저에는 공통의 인자가 있는데, 그것의 정체가 바로 작업 기억이다. 눈앞에 벌어진 사건에 대처하는 능력에 이것이 큰 역할을 하고 있는 것이다.

전반적인 지능은 정상 범위지만 작업 기억이 경계 수준 이하인 경우, 제일 먼저 일어나는 일이 바로 학습 능력이 떨어지는 것이고 이 외에도 여러 문제가 생겨난다.

작업 기억은 독서나 계산은 물론이고, 감정이나 행동을 제어하는 능력, 계획적으로 행동하고 커뮤니케이션을 통해 상대방을 이해하거나 폭넓은 시각으로 주의를 환기시키는 능력, 부정적인 측면보다 긍정적인 측면을 우선하는 능력과도 관계가 있다. 작업 기억이 약하면 이런 능력이 약해지는 것이다.

작업 기억의 용량이 작다는 것은, 쉽게 말하면 그릇이 작은 것으로 외부에서 들어오는 정보의 양이 조금만 많아져도 내용물이 금방 흘러넘치는 것과 같은 이치다. 그렇게 되면 상황에 휩쓸려서 잘못된 판단을 하거나 부정적인 생각에 사로잡히기 쉬운 것이다.


## / 듣기 능력이 떨어지는 것과 작업 기억 /

듣기 능력이 떨어지면 어린 시절에는 선생님의 이야기가 머릿속에 잘 안 들어오고 듣는다고 해도 소 귀에 경 읽기가 되기 쉽다. 성인이 된 이후에도 업무 지시를 깜박하거나 잘못 들어서 실수로 이어지기 십상이다.

듣기 능력이 떨어지는 요인 중 하나는 작업 기억이 약하기 때문이다. 용량이 적다 보니 처음 들었던 내용은 잊어버리게 되고 그러다 보니 정보가 누락된다. 인간이 일시적으로 기억을 저장하는 용량은 극히 한정적이다. 나열돼 있는 숫자의 경우에는 평균 일곱 자리를 기억하는 게 고작이고, 열 자리까지 기억할 수 있는 사람은 상당히 드물다. 인간의 뇌라는 것이 고작 열 개의 숫자조차 기억하지 못하는 것이다.

문장의 경우에는 내용의 맥락이라는 보조 도구가 있기 때문에 몇 십 글자의 문장도 한 번 듣고 나서 기억할 수는 있다. 하지만 열 개 이상 각자 다른 키워드를 포함한 문장을 기억하기란 쉽지 않다. 다만 키워드가 내용상 서로 연관되어 있으면 기억하기도 수월해진다. 그러므로 지식의 양이 많을수록 내용을 추측할 수 있는 능력도 좋아져서 기억도 잘하게 도와주는 것이다.

동시통역사라는 직업은 작업 기억이 강력하지 않으면 수행하기 힘들다. 한 가지 언어를 귀로 들으면서 번역하고 그와 동시에 다른 언어로 말하는, 즉 세 가지 처리를 동시에 자연스럽게 해야 하기 때문이다. 물론 처음부터 이런 능력이 있는 것은 아니다. 이들도 고도의 훈련을 통해 점점 단련된 사람들이라 할 수 있다. 바꿔 말하면 작업 기억의 용량은 훈련을 통해 늘릴 수 있다는 말이다.

## / 작업 기억이 인간관계에 미치는 영향 /

작업 기억이 생각보다 훨씬 더 중요하다는 것은 최근에 판명된 사실이다. 다른 능력에 비해 작업 기억이 상대적으로 약한 사람은 사회적 커뮤니케이션에 약하다는 사실이 밝혀진 것이다. 작업 기억의 용량이 작은 사람은 눈앞에 닥친 상황에만 몰두하는 경향이 있어서, 주변 상황을 두루 살피지 못하거나 해야 할 말, 배려해야 할 문제를 염두에 두고 발언하는 것 역시 힘들어한다. 상대방의 입장에서 생각하고 말하려면 여러 가지 상황을 종합적으로 고려할 줄 알아야 하는데 이미 눈앞에 닥친 자신의 문제가 머릿속을 꽉 채우고 있기 때문에 그럴 여력이 없는 것이다. 그러므로 넓은 시각으로 상대방을 이해하기 위해서라도 어느 정도 용량의 작업 기억이 필요하다.

작업 기억이 부족하면 무슨 말을 해야 할지 모른 채 멍하니 서 있거나 고맙다는 인사를 건네는 것도 잘 하지 못한다. 쉽게 말해서 눈치 없는 사람이 되고 마는 것이다.


## / '소리 내어 숫자 읽기'만으로도
   알 수 있는 것 /

작업 기억을 조사하기 위해 자주 사용하는 방법으로, '소리 내어 숫자 읽기'가 있다. 무작위로 늘어놓은 숫자를 소리 내어 읽게 하고, 그것을 순서대로 외거나, 거꾸로 따라 외는 것을 시켜보는 것이다. 처음에는 작은 숫자부터 시작해서 점점 큰 숫자로 늘려간다. 이 방법은 일반적인 발달검사에서 실시하는 열네 가지 과제 중 하나인데 커뮤니케이션 능력, 사회적 관계 능력과 관련이 깊다. 이것을 잘 못하는 사람일수록 커뮤니케이션 능력이 떨어진다는 말이다. 의외로 어휘력이 풍부한 사람이 오히려 사회적 커뮤니케이션에 약한 경우도 있다. 커뮤니케이션 능력이 좋은 사람은 작업 기억 용량이 크고 좋은 관점으로 바꿔서 생각하는 능력, 변화를 예측하는 능력이 뛰어나다. 후자의 두 가지 과제는 지각 추론 능력과도 연결되어 있다.

이런 사실을 미루어 짐작해보면 사회적 커뮤니케이션 능력을 높이기 위해서 언어 능력을 연마하는 것만으로는 부족하다. 오히려 작업 기억 용량을 늘리고 관점의 변화, 변화를 예측하는 능력을 연마해서 지각 추론 능력을 높이는 것이 훨씬 더 도움을 준다.

이것은 우리 주변에서 예를 찾아보면 오히려 당연한 것으로 어려운 말을 쓰거나 웅변을 잘한다고 해서 꼭 관계가 좋은 것이 아닌 것과 같은 이치다. 어떤 사람들이 모여 있어도 그

자리에 잘 스며드는 사람은 어려운 말을 많이 알거나 지식이 뛰어난 사람이라기보다는, 상대방의 사소한 표정을 잘 읽어 내고 분위기가 달라진 것을 놓치지 않는 능력인 것이다.

　'소리 내어 숫자 읽기' 성적이 낮다면 학습 장애나 지적 장애일 수 있으므로 발달장애가 의심된다면 쉽게 테스트해볼 수 있는 과제라 할 수 있다.


## / 공부를 힘들어하는 아이들의 공통점 /

일반적인 발달검사에서 실시하는 작업 기억은 청각을 말하는 것인데, 이 용량이 적은 사람은 듣기뿐만 아니라 독해도 쉽지 않은 경향이 있다. 우리가 어떤 문장을 읽을 때, 설령 속으로만 읽는다고는 해도 머릿속으로 소리 내어 읽을 것이다. 그런데 속독에 익숙해지면 머릿속에서도 소리 내어 읽지 않고, 글씨를 덩어리째 이해할 수 있게 된다. 이를테면 '유엔기후변화협약당사국총회(Conference of the Parties)'라는 말을 머릿속에서 읽는다면, 한 글자 한 글자 이해하기 위해 대량의 작업 기억을 사용할 필요가 있지만, 어느 정도 속독이 가능한 사람은 이것을 잠깐 보기만 해도 COP라는 약칭으로 불린다는 것을 파악하게 된다.

이와 마찬가지로 어구를 덩어리째 이해하면 하나의 문장이나 단락을 이해하는 것도 훨씬 짧은 시간에 가능하다. 다만 이때 청각적인 작업 기억뿐 아니라 시각적인 작업 기억도 최대한 사용하게 되는데 대개의 경우 이 둘은 관련이 깊다. 청각적 작업 기억이 강하면 시각적 작업 기억도 강하게 마련이다. 이 둘의 상관 계수는 0.8로 상당히 높다. 물론 예외도 있다.

이를테면 자폐증의 경우에는 둘 중 한쪽이 이상하리만치 강한 경우가 있다. 몇 년 전에 자폐증 화가 후쿠시마 히사시(福島尚)의 철도 풍경화가 사진처럼 정밀해서 화제가 된 적이 있는데 그는 자신이 시각적으로 기억하는 것만으로 그림을 재현해냈다고 한다. 시각적인 작업 기억이 뛰어나다는 걸 보여주는 사례다. 또 자폐증인 사람이 한 번 들은 음악을 기억해서 바로 연주해내거나, 자폐증인 어린이가 딱 한 번 들은 긴 이야기를 줄줄 외우는 것은 청각적인 작업 기억이 뛰어난 사례다. 다만 이 사례를 좀 더 정확하게 이야기하자면 이들의 경이로운 능력은 사실 작업 기억에 의한 것이 아니라 단기 기억 능력에 의한 것이다.

작업 기억은 일을 처리하는 능력과 관련이 있기 때문에 단기 기억과는 다르다. 단기 기억만으로는 뭔가를 외우는 건 가능해도 그 의미를 파악하거나 그 뜻을 응용해서 문제를 해결하는 건 불가능하다는 말이다.


## / 작업 기억을 단련하려면? /

이처럼 작업 기억은 단순한 기억력이 아니라 필요할 때 자유자재로 정보를 인출해서 사용할 수 있는 능력인데 어떻게 하면 이 용량을 더 늘릴 수 있을까? 작업 기억이 강화되면 다른 능력까지 좋아지는 파급 효과(전이 효과)가 있기 때문에 지능을 높이고 사회성까지 좋아지기 위해서는 작업 기억을 단련하는 것이 정말 중요하다.

가장 유명한 방법으로 백칸계산 일본의 가게야마 히데오라는 공부법 연구자가 개발했다는 초등학생을 위한 계산법 - 옮긴이 이 있는데 이것도 작업 기억 용량을 높이는 좋은 훈련법이긴 하지만 금방 질린다는 사람들이 있기 때문에 여기서는 다른 방법 몇 가지를 소개한다.

첫 번째는 암송 훈련이다. 문장을 읽고 그것을 그대로 기억하며 암송하는 연습을 하는 것이다. 이 경우 한 글자 한 단어를 정확히 말하려고 애쓸 필요는 없다. 내용을 확실히 파악해서 그 맥락을 표현할 수만 있으면 된다. 정확히 기억해서 반복하는 일에 집착하면 작업 기억보다는 단기 기억을 훈련하는 셈이 된다. 어떤 단락을 읽고 요약하는 연습을 하는 것도 매우 효과적이다. 작업 기억은 기억한 것을 편집해서 꺼내서 쓸 때 유용하기 때문이다. 들으면서 쓰는 딕테이션(dictation)과 들은 문장을 따라 말하는 리피팅(repeating)도 좋은 트레이닝 방법이다.

이 방법들보다는 난이도가 높지만 더 효과적인 것이 있는데 바로 섀도잉(shadowing)이라는 것으로, 이것은 들으면서 동시에 소리를 내어 따라 하는 방법이다. 읽은 문장을 최대한 기억해서 옮겨 적거나, 단락의 요점을 간추려서 한 문장으로 적어보는 훈련도 일상 속에서 할 수 있는 효과적인 트레이닝이다.

산수 문제를 문장으로 듣고, 머릿속에서 이해하는 훈련은 작업 기억의 근육 트레이닝이 된다. 스도쿠가로세로 9줄의 빈칸에 1에서 9까지의 숫자를 채워 넣는 지능형 퍼즐 게임의 명칭 – 옮긴이나 낱말 퍼즐 같은 것도 쓰지 않고 풀려고 하면 훨씬 더 어렵게 느껴진다. 가로세로 네 칸짜리 스도쿠부터 시작해보면 얼마나 어려운지 감이 온다. 스도쿠는 요령만 터득하면 풀 수 있게 되어서 작업 기억을 훈련하는 데는 별 도움이 안 된다. 쓰지 않고 푸는 연습을 하는 것이 포인트이다.

## / 작업 기억보다 자신감이 중요한 이유 /

작업 기억을 단련하는 훈련을 꾸준히 하는 것은 문제를 해결하는 데 큰 도움이 된다. 그런데 이보다 더 중요한 것은 자신감을 되찾는 일이다.

학습 장애의 그레이존이든, 어떤 종류의 그레이존이든 간에 질책하는 말을 오랫동안 듣고 자란 아이는 자신감이 떨어져 있고 콤플렉스와 자기부정에 휩싸여 있는 경우가 많다. 그러면 충분히 잘할 수 있는 것도 잘 못하게 된다. 수학을 못하게 된 원인은 수학적 사고 능력이 약하거나 공부 양이 부족해서이기도 하지만 수학에 대한 두려움이 앞서서 자신감이 떨어졌기 때문이다.

'이 문제는 반드시 풀 수 있어'라고 생각하면서 푸는 것과 '어차피 나는 이 문제를 못 풀어'라고 생각하면서 푸는 것은 능력 이상의 차이를 만든다. 그렇다면 자신감을 되찾기 위해서는 어떻게 하면 좋을까? 지름길은 좋아하는 것에 몰두해서 성취감을 맛보는 것이다.

### 톰 크루즈의 경우

배우 톰 크루즈는 초등학교에 들어갔을 때 읽기와 쓰기를 너무 못해서 선생님에게 자주 지적을 당했는데 검사를 받아 보니 '읽기 장애'라는 진단이 나왔다. 만약 검사를 받지 않고 계속 일반 학교에 다녔더라면 더욱더 주눅이 들어서 상태가 더 나빠졌을지도 모른다. 하지만 다행히 그는 어머니의 도움으로 특별 지원 교육 프로그램을 받으면서 집중적인 훈련을 할 수 있었다.

물론 그럼에도 문장을 잘 읽지 못해서 왕따를 당하거나 친구들 사이에서 놀림거리가 된 적이 많았다. 그러자 점점 자신감이 없어져서 쉽게 상처받는 성격이 되어갔다. 그는 이런 상황을 바꾸기 위해서라도 자신이 잘하는 뭔가에 몰두해야만 했다. 그 몰두의 대상이 바로 연극이었다. 그의 어머니는 스스로 극단을 만들 만큼 연극에 관심이 많았는데 그곳으로 톰을 끌어들였던 것이다. 톰은 극단에서 서서히 연극의 재미를 깨닫고 재능을 꽃피우게 되는데 대사를 외우고 감정을 담아 말하는 훈련을 반복하자 읽기 능력도 점점 좋아졌다.

그렇게 해서 초등학교 5학년 무렵이 되자 그의 '읽기 장애'는 상당히 나아졌다. 이후에도 대사를 외우기 위해 누군가를 앞에 둔 채 소리 내어 읽는 연습을 계속했다. 이런 노력을 꾸준히 하자 그는 대사도 금방 외울 수 있는 능력을 점차 갖추게 되었다. 아마도 이런 연습을 꾸준히 하는 과정에서 작업 기억 용량뿐 아니라 기억력이 강화되었을 것이다. 배우로 데뷔했을 무렵에는 읽기 장애가 있었다고는 전혀 상상조차 할 수 없을 만큼 그의 발음이나 말투는 매끄러웠다. 이처럼 좋아하는 일을 즐기게 되면 기적 같은 일도 일어나는 법이다.

# 고통을 삶의 에너지로
# 바꾼 사람들의 이야기

## 지구의 인구수만큼 다양한 뇌의 특성이 있다

지금까지 발달장애와 또 발달장애는 아니지만 그레이존에
해당하는 여러 경우에 대해서 폭넓게 살펴봤는데 그 진단명
과 증상과의 관계가 약간 어색하다는 느낌을 받았을 것이다.
이것은 현재까지 장애다 아니다, 그레이존이다 아니다 하는
진단을 내리는 기준이 거의 증상을 보고 판단하기 때문이다.
　객관적인 검사 기준이 있어서 진단을 내리는 경우는 지적
장애와 학습 장애 정도이고 나머지는 거의 다 증상이 판단 기
준일 뿐이다.

발달장애의 핵심이라고도 할 수 있는 자폐증과 ADHD의 경우에도 마찬가지이다. 진단의 결정적 단서는 증상이나 경과다. 그러다 보니 과잉 진단인 경우가 많다. 그중에서도 ADHD의 경우에는 본인이나 보호자가 불편함을 호소한 결과 진단을 내리는 경우가 많아서 더욱 그렇다. 또 한편으로는 장애로 진단받지 않고 그레이존에 해당할 경우라 해도 문제가 없는 것은 아니라는 것이다. 오히려 장애인의 경우보다 더 힘든 경우도 있고, 굉장히 심각한 문제로 이어질 수도 있기 때문이다.

또 진단명이 같아도 여러 유형의 사람이 있을 수 있다. 단지 진단명이 같다고 해서 획일적인 처방을 하면 엉뚱한 일이 벌어질 수도 있다. 그러므로 어떤 진단을 내렸는지보다는 그 사람의 개인적인 특성이나 상황 등을 파악하는 것이 더 중요하다.

여기서 특성이라고 하는 것은 지능검사로 산출할 수 있는 수치라기보다는 그 사람 고유의 특성 예를 들어 공감 능력이나 사회성, 커뮤니케이션 능력 등등이다. 이런 능력은 지능검사로는 나오지 않는 것들이다. 또 실행 기능 면에서도 의사결정력이나 계획성, 유연성 같은 능력도 마찬가지이다. 이 역시 개인의 특성을 먼저 파악하는 것이 중요하다.

만약 본인이 힘들어서 혹은 주변에 누군가가 힘들어해서 이 책을 읽고 있다면 먼저 힘든 사람의 특성을 생각해보는 게 좋다. 그것을 잘 알아야 효과적인 처방을 할 수 있기 때문이다. 장점과 단점을 확실히 이해하고 그 사람에게 가장 적절한 처방법이 무엇인지를 생각해내는 것이 그 무엇보다 중요하다는 것을 마지막으로 강조하고 싶다. 그 근거 중 하나로 최근 의학계에서는 발달장애를 장애가 아니라 뉴로다이버시티(neurodiversity, 신경다양성)로 이해하는 경향이 강해졌다. 쉽게 말하면 사람에 따라 각각 뇌의 특성이 매우 다양하다는 뜻이다. 인구수만큼 다양한 뇌의 기능과 개성, 특징들이 있는데 단 몇 개밖에 안 되는 기준으로 장애라는 진단을 내리는 것이 한계가 많다는 데 많은 사람들이 동조한 것이다.


**앞으로 10년 후, 발달장애는 장애가 아닐 수도 있다**


또 의학적인 진단명이라고 해서 객관적이고 영원할 것 같지만 결코 그렇지 않다. 10년만 지나도 지금 쓰고 있는 진단명은 다른 것으로 바뀔 가능성이 높다. 명칭뿐 아니라 진단 개념과 체계 자체가 변경될 가능성도 있다. 현재 쓰이고 있는 DSM의 진단 기준은 겉으로 드러나는 증상에 의한 분류지만, 병의 상태에 따른 진단 기준을 모색하는 시도 역시 진행 중이다.

그 대표적인 프로젝트가 미국국립정신위생연구소(NIMH)가 진행하고 있는 RDoC(Research Domain Criteria, 연구영역기준)로, 진단명과는 관계없이 병의 상태를 유전자, 신경과학, 행동과학 등의 생물학적 표식으로 분류하는 기준이다. 이런 기준을 사용하게 되면 지금까지 이 책에서 이야기한 ADHD나 자폐증 같은 진단명보다 각각 유전자의 다형(多型)이나 발현 수준, 수용체나 효소의 활성 수준, 실행 기능이나 작업 기억 같은 객관적인 지표에 의해 그 사람의 특성과 병의 상태를 이해할 수 있게 된다.

자폐증에 대해서는 진단 개념이 상당히 정리되어, 유전 요인이나 뇌의 기능 이상 등이 원인이라는 게 밝혀졌지만 병의 상태를 살펴보면 그 외에도 각종 잡다한 원인이 있는 게 틀림없어 보인다.

ADHD의 경우에는 머지않아 진단 기준 자체가 전혀 다른 개념으로 바뀌지 않을까 하고 예상해본다. 그리고 앞으로 더 중요해질 수밖에 없는 것은 애착 장애다. ADHD의 경우에도 애착 장애가 원인인 경우와 기질이나 유전이 원인인 경우를 구분해서 이해하게 될 것이고 자폐증도 이와 마찬가지 패러다임으로 변화할 것이다. 하지만 진단명이나 진단 체계가 바뀐다 하더라도 그 사람의 개별적인 특징을 정확히 이해하고 있으면 어떻게 해결해나가야 할지 예상할 수 있다. 그 사람의 개성이나 특징이 달라진 게 아니라 의학적 개념이 바뀐 것뿐이기 때문이다.

이 책을 쓰는 과정에서 다시 한번 느끼게 된 것은 장애도 아닌데 심리적으로 살기 힘들다고 느끼는 사람들의 경우에는 애착 장애를 품고 있는 경우가 상당히 많다는 것이다. 본문 중에도 언급했지만 지금 이 시대를 대표하는 기업가인 제프 베이조스나 일론 머스크를 포함해서 애플을 창업한 스티브 잡스까지 공통적으로 복잡하고 불우한 어린 시절을 보내면서 애착 장애를 안고 있었다는 사실은 굉장히 상징적이다. 지금도 많은 사람들이 애착 문제로 괴로워하고 있기 때문에 고통을 삶의 에너지로 바꿔서 살아간 이들의 이야기는 오히려 중요한 메시지를 던져주고 있는 건 아닐까 생각해본다.

## 오카다 다카시 岡田 尊司

도쿄대에서 철학을 공부했지만 중퇴하고 교토대 의과대학에 다시 들어가 정신과 의사가 된 특이한 경력의 소유자이다. 오랫동안 교토의료소년원에서 근무한 후, 오카다 클리닉을 개업했다.

정신의학과 뇌 과학 분야 전문가로 주목받는 그가 꾸준히 주장하고 있는 '애착 이론'은 청소년 범죄의 근본적인 원인과 해결책을 제시했다는 점 때문에 일본 사회에 큰 반향을 불러일으켰다.

『나는 상처를 가진 채 어른이 되었다』, 『나는 왜 혼자가 편할까?』, 『나는 왜 저 인간이 싫을까?』가 대표작이며 『나만 바라봐』, 『예민함 내려놓기』, 『심리 조작의 비밀』, 『애착 수업』, 『나는 네가 듣고 싶은 말을 하기로 했다』 등 수많은 책이 국내에 소개되었다.

『나는 왜 사는 게 힘들까?』(원제: 발달장애의 그레이존 発達障害「グレーゾーン」)는 딱히 장애가 있는 것도 아닌데 사회생활이 너무 힘든 사람들, 나이가 들수록 적응이 되는 게 아니라 오히려 더 힘들어지는 사람들의 속마음과 인간관계를 분석하고 대안을 제시한다. 이 책은 코로나19로 사회성과 관계력이 퇴화하면서 고통을 호소하는 사람들 사이에서 큰 호응을 받으며 출간 이후 단기간 내에 10만 부 이상이 판매되었다.

## 김해용

경희대학교 국어국문학과를 졸업하고, 출판 편집자로 일하며 다수의 일본 작품을 번역하고 편집했다. 오쿠다 히데오의 『버라이어티』, 『나오미와 가나코』, 이사카 고타로의 『악스』, 모리미 도미히코의 『야행』, 츠지무라 미즈키의 『도라에몽; 진구의 달 탐사기』 등의 소설과 『조류학자라고 새를 다 좋아하는 건 아닙니다만』, 『지성만이 무기다』, 『나는 왜 혼자가 편할까?』, 『나는 왜 사는 게 힘들까?』, 『나는 왜 저 인간이 싫을까?』, 『신공룡 도감; 만약에 공룡이 멸종하지 않았다면』 등 여러 교양서를 우리말로 옮겼다.

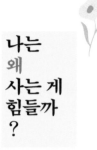

# 나는 왜 사는 게 힘들까?

1판 1쇄 인쇄 | 2023년 5월  8일
1판 1쇄 발행 | 2023년 5월 12일

지은이 | 오카다 다카시
옮긴이 | 김해용
발행인 | 김태웅
책임편집 | 박지호   기획편집 | 정상미
디자인 | design PIN
마케팅 총괄 | 나재승
마케팅 | 서재욱, 오승수
온라인 마케팅 | 김철영, 김도연
인터넷 관리 | 김상규
제  작 | 현대순
총  무 | 윤선미, 안서현, 지이슬
관  리 | 김훈희, 이국희, 김승훈, 최국호

발행처 | (주)동양북스
등  록 | 제2014-000055호
주  소 | 서울시 마포구 동교로22길 14 (04030)
구입 문의 | 전화 (02)337-1737  팩스 (02)334-6624
내용 문의 | 전화 (02)337-1739  이메일 dymg98@naver.com
네이버포스트 | post.naver.com/dymg98
인스타 | @shelter_dybook

ISBN 979-11-5768-913-2  03190